Z   27639

LE NEVEU
DE RAMEAU.

LE NEVEU

DE RAMEAU.

Ayant acquis la propriété de cet ouvrage, je poursuivrai les contrefacteurs avec toute la rigueur des lois.

Delaunay

IMPRIMERIE DE FAIN, PLACE DE L'ODÉON.

NEVEU DE RAMEAU.

LE NEVEU DE RAMEAU,

DIALOGUE.

OUVRAGE POSTHUME ET INÉDIT

PAR DIDEROT.

Vertumnis quotquot sunt, natus iniquis.
HORAT., lib. II, sat. 7.

(La scène se passe au Palais-Royal et au café de la Régence.)

PARIS,
DELAUNAY, LIBRAIRE, PALAIS-ROYAL,
GALERIE DE BOIS, N°. 243.
1821.

NEVEU DE RAMEAU.

LE NEVEU
DE RAMEAU,

DIALOGUE.

OUVRAGE POSTHUME ET INÉDIT
PAR DIDEROT.

Vertumnis quotquot sunt, natus iniquis.
HORAT., lib. II, sat. 7.

(La scène se passe au Palais-Royal et au café de la Régence.

PARIS,
DELAUNAY, LIBRAIRE, PALAIS-ROYAL,
GALERIE DE BOIS, N°. 243.
1821.

LE NEVEU
DE RAMEAU.

Qu'il fasse beau ou mauvais temps, peu m'importe ; mes habitudes sont invariables, et me conduisent tous les soirs à cinq heures précises au Palais-Royal. S'il fait beau temps, j'entre dans le jardin, je me promène, je m'assieds, et l'on est sûr de m'y voir, sur le banc d'Argenson, le plus souvent seul, toujours pensif, jamais ennuyé. Je m'entretiens avec moi-même de politique ou d'amour, de littérature ou de philosophie. J'abandonne mon esprit à la vivacité de ses saillies, à sa mobilité, à son inconstance. Il s'occupe de la première idée qui s'offre à lui, qu'elle soit raisonnable ou extravagante, tandis que sous mes yeux, dans l'allée du café de Foi, nos jeunes libertins suivent des objets qu'ils croient plus amusans : je les vois talonner une courtisane qui, d'un air gai et sans pudeur, le visage enflammé, l'œil vif, le nez retroussé, se promène au milieu de leur foule bruyante. Ils quittent celle-là pour une autre, les agacent toutes deux, puis les plantent là toutes deux. Mon esprit en fait autant, court après une idée, la quitte pour une autre l'instant d'après. Chacun son plaisir; mes idées sont mes *catins*.

S'il fait froid ou s'il pleut, alors je me réfugie au café de la Régence, et pour me distraire je regarde jouer aux échecs. Paris est le lieu du monde, et le café de la Régence le lieu de Paris où l'on joue ce jeu dans la plus grande perfection. Là se mesurent l'un contre l'autre le profond Légal, le subtil Philidor et le solide Mayot. C'est là qu'on voit les coups les plus étonnans, et qu'on entend le plus insipide bavardage. Car s'il est vrai qu'on puisse être à toute force un grand joueur d'échecs et un homme d'esprit, comme Légal semble le prouver, il est encore plus incontestablement démontré qu'on peut être un grand joueur d'échecs et un sot : Foubert et Mayot en sont des preuves invincibles.

Une après-dînée que je me trouvais là, observant avec assez d'attention, parlant peu, et surtout écoutant le moins possible, je vis entrer dans le café un des êtres les plus étranges que la France ait jamais produits, quoique Dieu, dans sa bonté généreuse, ne nous laisse pas manquer d'originaux. Ce personnage est un composé bizarre de fierté et de bassesse, de bon sens et de déraison. Il faut que les idées de ce qui est honorable et de ce qui est honteux à l'homme s'amalgament singulièrement dans sa tête, car il laisse voir toutes ses bonnes qualités sans ostentation, et toutes ses mauvaises sans pudeur. Du reste, il est d'une solide constitution, d'une imagination extraordinaire, et d'une force de poumons peu commune. S'il vient se placer près de vous, son originalité vous frappera, et la curiosité vous retiendra peut-être ; mais vous n'y résisterez pas long-temps : vous serez forcé de vous enfuir ou de vous boucher les oreilles. Dieux ! quel épouvantable braillard !

Rien ne lui ressemble moins que lui-même. Quelquefois il est maigre et défait comme un malade arrivé au dernier degré de la consomption ; on compterait ses dents à travers ses joues ; on dirait qu'il n'a pas mangé de huit jours, ou qu'il est tout frais revenu de la Trappe.

Le mois d'après, il est dodu, replet, comme s'il n'avait pas quitté d'un seul moment la table d'un financier, ou qu'on l'eût mis en pension chez les Bernardins. Aujourd'hui en linge sale, l'habit en loques, les culottes déchirées, sans souliers, marchant la tête baissée, il se dérobe aux yeux des passans : on serait tenté de l'appeler pour lui faire l'aumône. Demain, bien vêtu, bien chaussé, coiffé, frisé, poudré, la tête haute, appelant sur lui les regards, vous diriez un petit-maître *allant en rendez-vous.*

Cet homme vit au jour le jour, gai ou triste selon les circonstances qui sont pour lui plus souvent tristes que gaies. Quand il se lève, sa première pensée du matin c'est de chercher où il pourra dîner, et l'embarras n'est pas médiocre. Le dîner trouvé, nouveau sujet de méditations : où soupera-t-il ? et lors même qu'il a réussi à dîner et à souper tous les soucis de la journée ne sont pas épuisés. Il faut se coucher quelque part. Heureux, cent fois heureux, lorsque, regagnant à pied sa modeste hôtellerie, il a pu rentrer dans la petite chambre au septième étage, qu'on lui a louée sans informations, et que la maîtresse de l'auberge, lasse d'attendre ses six francs d'un mois de loyer, ne lui a pas déjà redemandé sa clef! Quand cet accident lui arrive, il se jette dans un estaminet de faubourg, où il attend le retour de l'aurore entre un morceau de pain et une bouteille de mauvaise bière ; ou, lorsqu'il ne possède pas les six sous indispensables pour être abrité la nuit dans notre ville hospitalière, il s'adresse à un fiacre, son ami, ou à quelque cocher de grand seigneur, qui, se piquant de nobles sentimens, et plus généreux que son maître, lui accorde une place à côté de ses chevaux, dans la paille fraîche; et le lendemain matin, quand il se lève, il a encore une partie de son matelas dans les cheveux. Mais, quand le temps est doux, il se promène durant la nuit entière, soit sur les boulevarts, soit aux Champs-Élysées, d'un côté ou d'un autre. Avec le jour, il reparaît dans la ville, habillé de la veille pour aujourd'hui, et quelquefois d'aujourd'hui pour le reste de la semaine.

Il y a beaucoup de gens dans le monde qui s'amusent de pareils originaux, qui aiment à les voir souvent, qui même ne peuvent s'en passer. Pour moi, je l'avoue, habituellement je ne les goûte point; mais, une fois l'an, pas davantage, j'aime à les rencontrer, parce que leur caractère tranche avec le commun des hommes, et qu'ils rompent l'ennuyeuse monotonie de forme et de langage à laquelle nous condamnent notre éducation et nos bienséances sociales; monotonie dont on finit par être bien las. Ces êtres bizarres font dans la société l'effet du levain dans la pâte; ils secouent, ils remuent cette masse uniforme d'hommes différens au fond, quoique se ressemblant tous en apparence. Par les saillies d'une originalité, inconvenante sans doute, mais piquante, et quelquefois utile, ils surprennent et font jaillir les secrètes pensées que voile une habituelle hypocrisie, font ressortir des traits de *l'individualité* naturelle, apprennent à apprécier l'homme de bien, démasquent le fripon. En riant de leurs folies, le sage en fait son profit, voit, entend, réfléchit, et connaît les hommes.

Celui dont il est ici question m'était connu depuis long-temps; il venait souvent dans une maison dont les talens qu'il possède lui avaient ouvert l'entrée. Les maîtres

de cette maison avaient une fille unique ;
et, de l'air le plus sérieux, il assurait au
père et à la mère qu'il épouserait leur fille.
Ils lui riaient au nez, haussaient les épaules,
le traitaient de fou ; et ; tout en riant d'un
côté et en plaisantant de l'autre, j'ai presque
vu le moment où il réalisait sa folle prédiction et où l'affaire était faite. Dans ce temps-
là il m'avait demandé quelques écus que je
lui avais donnés ; car on ne lui prête point. Il
s'était insinué je ne sais comment dans quelques autres maisons, où son couvert était
mis : mais on lui avait imposé la loi de ne
jamais parler sans permission. Là il se taisait et mangeait avec une colère concentrée ;
et rien n'était plus divertissant que de voir
cet impitoyable bavard au supplice. Dès
qu'il osait rompre le traité et ouvrir la bouche, à l'instant les convives, le rappelant
à l'ordre, s'écriaient tous à la fois : Rameau !
Rameau ! Alors ses yeux étincelaient de
rage ; il retombait avec une nouvelle fureur
sur le dîner, qui payait pour les convives,

et sa bouche condamnée à ne point brailler se vengeait en dévorant.

Vous étiez curieux de connaître le nom de cet original ? Eh bien ! le voilà nommé. C'est le neveu du fameux compositeur, qui nous a délivrés du plain-chant d'église de Lulli, que nous avions le courage de psalmodier, ou plutôt de braire, depuis plus de cent années ; mais qui a remplacé l'ennui par le tapage, et non par le plaisir ; de cet homme, paradoxal sans cesser d'être ennuyeux, qui a écrit sur la musique en style d'apocalypse tant d'ouvrages soi-disant profonds, où ni ses enthousiastes, ni ses détracteurs, ni lui-même, n'ont jamais compris un seul mot ; dans les opéras duquel on trouve de l'harmonie, quelques airs qui ont un assez beau caractère, une composition incohérente, mais surtout du bruit, des cris, des tambours, des trompettes, des *triomphes*, des *gloires* et des *victoires*, à faire perdre l'usage de la voix à ceux qui sont condamnés à les chanter, et des oreilles à ceux qui ont le malheur de les entendre; de cet homme enfin qui, après avoir enterré le *Florentin*, sera enterré à son tour par les virtuoses d'Italie, comme il l'a prévu lui-même; ce qui l'a rendu dans ses dernières années d'un caractère si difficile et si acariâtre: car il n'y a personne au monde (pas même une jolie femme qui, le matin en se levant, aperçoit un gros bouton sur le bout de son nez) qui soit d'une humeur si exécrable qu'un auteur menacé de survivre à sa renommée: je n'en veux pour preuve que Marivaux et Crébillon le fils.

Rameau s'approcha de moi : « Ah ! monsieur le philosophe, je vous rencontre à la fin ! Que faites-vous ici, avec votre esprit, au milieu de tous ces sots ? Est-ce que vous perdez aussi votre temps à remuer de petits morceaux de bois ronds, sur un morceau de bois carré ? » (et il me montrait dédaigneusement les jeux d'échecs et de dames.)

MOI.

Non, sans doute : mais quand je n'ai rien de mieux à faire, c'est pour moi une distraction de regarder jouer ceux qui s'en acquittent bien.

LUI.

Singulier passe-temps ! Excepté Légal et Philidor, les autres sont pitoyables.

MOI.

Et M. de Bussy, qu'en dites-vous ?

LUI.

M. de Bussy est joueur d'échecs comme Mlle. Clairon est actrice. Rempli de connaissances, ayant tout pour réussir, au talent près, c'est un homme qui sait et qui explique à merveille comment et pourquoi on joue bien : il n'y a que le *bien jouer* qui lui manque.

MOI.

Vous êtes difficile à contenter, à ce que je

vois. Vous ne faites grâce qu'au mérite supérieur.

LUI.

Oui, sans doute, pour ce qui regarde les jeux d'échecs, de dames, la poésie, l'éloquence, la musique et les autres balivernes semblables. A quoi bon la médiocrité dans ces misères-là ?

MOI.

Je suis à peu près de votre avis : cependant considérez qu'il faut qu'un grand nombre d'hommes cultive les arts, afin que, parmi tant de gens qui y réussissent médiocrement, apparaisse le favori de la nature, l'homme de génie qui est toujours unique au milieu d'une foule innombrable.... Mais laissons cela. Il y a un siècle que je ne vous ai vu. Je ne pense jamais à vous quand je ne vous vois pas, mais je suis toujours charmé quand je vous retrouve. Depuis ce temps-là qu'avez-vous fait ?

LUI.

Ce que vous avez fait vous-même, et ce qu'ont fait tous les autres, du bien, du mal, et rien. J'ai eu faim, et j'ai mangé, quand j'en ai trouvé l'occasion; j'ai eu soif, et quelquefois j'ai bu; en attendant ma barbe a poussé, et je me suis fait raser.

MOI.

Pour cela, vous avez eu tort; car il ne vous manque que la barbe pour faire un parfait philosophe.

LUI.

Assurément : mon front est large et ridé comme la Sagesse, mon nez prononcé, mes sourcils épais, ma bouche bien fendue, mes lèvres retroussées et mon visage carré. Savez-vous bien que si cet énorme menton était ombragé d'une barbe touffue, cela ferait un bel effet en marbre ou en bronze?

MOI.

Digne d'être placé entre César, Marc-Aurèle et Socrate.

LUI.

Non ; j'aimerais mieux être placé entre Diogène, Laïs et Phryné ; je suis impudent comme l'un, et j'aime à visiter les autres.

MOI.

Je le crois, quand on a comme vous trop de santé ! Vous vous portez toujours....

LUI.

Mais pas aussi bien aujourd'hui qu'à l'ordinaire.

MOI.

Vous vous moquez ! avec ce ventre de Silène, avec cette figure.....

LUI.

Une face qu'on prendrait pour un derrière ? Que voulez-vous ? La mauvaise humeur qui sèche mon oncle engraisse probablement son neveu.

MOI.

A propos de votre oncle, le voyez-vous quelquefois ?

LUI.

Oui, quelquefois passer dans la rue.

MOI.

Il ne vous fait donc aucun bien ?

LUI.

S'il fait du bien à quelqu'un, c'est sans qu'il s'en doute ; sa volonté est irréprochable là-dessus : c'est un philosophe à sa manière ; il ne pense qu'à lui seul, et le reste du monde lui importe aussi peu qu'un clou de plus ou de moins à un soufflet. Sa fille et sa femme peuvent mourir quand elles voudront ; pourvu que les cloches de sa paroisse soient d'accord quand elles sonneront leur enterrement, et qu'en faisant entendre le *duodécime* et le *septodécime* elles ne blessent son oreille musicale par aucune dissonance, tout sera au mieux pour lui, et cela ne l'empêchera pas d'être le plus heureux des hommes. Entre autres qualités précieuses que possèdent les hommes de génie, ils en ont une que je ne me lasse pas d'admirer, c'est qu'ils ne sont bons qu'à une chose ; hors de là, à rien. Ils ne savent ce que c'est que d'être citoyens, pères, frères, oncles, cousins ou amis. Cette impassibilité est un avantage qu'on doit envier à leur espèce : mais il ne faut pas souhaiter que la semence en devienne trop commune. Que dis-je? on devrait l'étouffer dans son germe. Qu'il y ait des hommes, passe; mais point d'hommes de génie ! entendez-vous ? Ce sont eux qui bouleversent le monde ; et le monde est si extravagant, qu'il les respecte! et quand on s'en moque, il se fâche ! et pourtant que lui revient-il de leurs belles conceptions? En partie les choses s'arrangent comme ces messieurs se le sont imaginé ; en partie elles demeurent comme elles étaient, et tout est plus brouillé qu'auparavant. C'est de là que viennent les deux évangiles de l'habit d'arlequin..... Vive la sagesse du moine de Rabelais ! c'est la vraie sagesse ; c'est la seule qui assure notre tranquillité et la tranquillité des autres : *faire son devoir tellement quellement, dire toujours du bien de M. le Prieur, et laisser aller le monde comme il va.* Il va bien, sans doute, car le plus grand nombre des hommes s'en contente. Je me ferais fort de vous prouver que tous les malheurs du genre humain sont arrivés par la faute des hommes de génie ; si je savais l'histoire : mais je ne la sais pas, parce que je ne sais rien ; que le diable m'emporte si j'ai jamais appris quelque chose, et je ne m'en trouve que mieux. J'étais un jour à la table d'un ministre, qui a de l'esprit comme douze, et qui l'employait à démontrer, clairement, aussi clairement que deux et deux font quatre, qu'il n'est rien de plus utile aux peuples que le mensonge, et rien de plus pernicieux que la vérité. Je ne me souviens plus de ses preuves, mais il en résultait, clair comme le jour, que la souveraine perfection pour les hommes, c'est d'être des ignorans et des sots; que les hommes de génie sont des monstres épouvantables, et qu'on devrait étouffer sur l'heure, ou jeter à l'eau l'enfant qui, en venant au monde, apporterait sur son front une marque caractéristique de ce dangereux présent de la nature.

MOI.

Discours de ministre! Remarquez pourtant que ces gens, qui parlent si mal du génie et de l'esprit, ont tous la prétention d'en avoir.

LUI.

Oui, je crois bien que, par vanité, chacun d'eux s'en attribue en secret; mais aucun n'oserait s'en vanter publiquement.

MOI.

Feinte modestie, qui n'est qu'un voile

transparent de l'amour-propre. Ces apologistes intéressés de la sottise seraient bien fâchés de passer pour des sots. Laissons-les pour ce qu'ils sont, et revenons à vous.... Vous avez donc conçu une haine implacable contre le génie ?

LUI.

Oui, je le hais à la mort.

MOI.

Mais je me rappelle un temps où je vous ai vu au désespoir de n'être qu'un homme vulgaire ; vous êtes né bien malheureux, si vous ne pouvez supporter le tourment ni de la médiocrité, ni de la supériorité. Il faut pourtant prendre un parti, et s'y tenir. Si je vous accorde, et si l'on convient généralement que les gens à talens sont, pour l'ordinaire, un peu singuliers, ou, comme dit le proverbe, qu'il n'y a point de grands esprits sans un grain de folie, pour cela les hommes de génie n'en sont pas moins précieux ; on méprise les siècles qui n'en ont point produit ; ils sont l'honneur des peuples chez lesquels ils ont vécu ; tôt ou tard on leur érige des statues et on les regarde comme les bienfaiteurs du genre humain. Que son exc. le ministre dont vous parliez me pardonne ! Mais je crois que si le mensonge peut servir un instant, dans toute la suite des siècles il ne peut infailliblement que nuire ; au contraire, que la vérité nuise pour un moment, elle sert infailliblement dans tout le reste de l'éternité. C'est pour cela que je suis tenté de conclure que l'homme de génie qui détruit une erreur générale, ou qui introduit une grande vérité, est toujours un être qui mérite la plus haute vénération. Il peut arriver que cet être soit immolé en victime aux préjugés régnans, même aux lois ; mais il y a deux sortes de lois : les unes sont, sans restriction, justes, invariables, universelles ; les autres sont fortuites, locales, passagères, uniquement de circonstance et d'exception. Celles-là ne couvrent celui qui les viole que d'une honte passagère comme elles, d'une honte qui, par le temps, sera rejetée sur les juges et les nations pour y demeurer à jamais. A votre avis, Socrate, ou le tribunal qui l'a condamné à la ciguë, lequel est déshonoré ?

LUI.

Vraiment, cela lui importe beaucoup! cela l'a-t-il empêché d'être condamné? son arrêt a-t-il été exécuté moins rigoureusement? D'ailleurs n'était-ce pas un citoyen remuant? et en décriant les mauvaises lois, n'a-t-il pas excité les fous au mépris des bonnes? N'était-ce pas un esprit hardi et bizarre, et plus atteint qu'aucun autre de ces manies qui rendent les hommes de génie si funestes?

MOI.

Écoutez-moi, mon cher monsieur. Une société ne devrait pas avoir de mauvaises lois; et si elle n'en avait que de bonnes, elle ne serait jamais en danger de persécuter un homme de génie. Je n'ai point prétendu que le talent fût nécessairement lié aux mauvaises qualités du cœur et de l'esprit, ni que ces mauvaises qualités fussent inséparables du talent : et, quoiqu'un grand homme puisse être méchant et fou, tous les méchans et tous les fous ne sont pas de grands hommes. J'admets qu'un homme de génie soit d'ordinaire fâcheux, épineux dans la conversation, intraitable dans le commerce de la vie; je vais plus loin; j'admets qu'il puisse être un scélérat, qu'en pouvez-vous conclure ? et que prouvent contre le génie en lui-même les torts de l'homme de génie ?

LUI.

On devrait le noyer.

MOI.

Et pourquoi donc le noyer, cher ami? tenez, je vais prendre votre oncle pour exemple. C'est un homme dur et injuste, sans humanité, avare, mauvais père, mauvais époux, mauvais oncle : et avec tout cela il n'est pas encore bien prouvé qu'il soit un homme de génie, qu'il ait étendu les bornes de son art, et que dans dix ans seulement on s'occupe encore de ses œuvres. Mais Racine ! celui-là avait du génie, vous en conviendrez; et il n'a point passé pour le meilleur des hommes; il était caustique, tracassier, difficile à vivre. Mais Voltaire !...

LUI.

Ne me pressez pas, car je sais ce que j'aurais à vous répondre.

MOI.

Eh bien, qu'aimeriez-vous mieux ? que Racine eût été un bonhomme, uni, rangé, toujours assis dans son comptoir comme Briasson, ou son aune à la main comme Barbier; un homme qui régulièrement eût fait tous les ans un enfant légitime à sa chère épouse; bon mari, bon père, bon oncle, bon voisin, honnête commerçant, et rien de plus; ou qu'il eût été fourbe, traître, ambitieux, envieux; mais auteur d'*Andromaque*, de *Britannicus*, d'*Iphigénie*, de *Phèdre* et d'*Athalie*.

LUI.

S'il eût appartenu à la première classe, c'eût été bien plus heureux pour lui.

MOI.

Ce n'est pas de cela qu'il s'agit.... Mais, au reste, ce que vous dites là est très-vrai, cent fois plus vrai même que vous ne pouvez le concevoir.

LUI.

Voilà comme vous êtes, vous autres! quand nous disons quelque chose de bien, vous l'attribuez au hasard, comme les paroles des fous et des imbéciles. A vous entendre, il n'y a que vous, sublimes esprits, qui connaissiez toute la portée de ce que vous dites. Apprenez, monsieur le philosophe, que je me comprends; et que je me comprends aussi bien que vous vous comprenez vous-même.

MOI

Eh bien, voyons, expliquez votre idée, puisque vous l'entendez si bien. En quoi un sort obscur eût-il été plus heureux pour lui ?

LUI.

Parce que toutes les belles choses qu'il a faites ne lui ont pas rapporté vingt mille francs; au lieu que s'il eût été un bon marchand de soie de la rue Saint-Denis, un bon épicier en gros, un apothicaire achalandé, il aurait amassé une grande fortune, et en même temps il aurait joui de tous les genres de plaisir. Il aurait donné de temps en temps un louis d'or à quelque pauvre diable de farceur comme nous, qui l'aurait fait rire, et lui aurait procuré dans l'occasion quelques jolies filles pour interrompre une éternelle et ennuyeuse cohabitation avec sa femme. Nous aurions dîné tous les jours chez lui; nous y aurions joué gros jeu; nous y aurions bu les meilleurs vins, des liqueurs exquises; pris d'excellent café; nous aurions fait des parties de campagne.... Direz-vous encore que je ne me comprends pas moi-même? vous riez?... courage! au moins vous ne disconviendrez pas qu'un pareil sort eût été plus heureux pour sa famille, pour ses amis, pour tout ce qui tenait à lui, en un mot.

MOI.

Certainement, monsieur. Seulement il n'aurait pas dû employer d'une mauvaise manière des biens acquis par un travail légitime; il aurait dû éloigner de sa maison tous ces joueurs, tous ces écornifleurs, tous ces doucereux approuveurs de tout, tous ces donneurs de mauvais conseils; il aurait dû faire assommer à coups de canne par ses garçons de boutique ces complaisans pervers qui essaient de détourner un mari du mauvais goût d'une cohabitation uniforme.

LUI.

Assommer ! monsieur ! assommer ! on n'assomme point dans une ville bien policée. La complaisance dont vous parlez forme une occupation honorable ; beaucoup de personnes distinguées, même des gens titrés n'en ont pas honte ; et à quoi, au nom du diable, doit-on employer son argent, qu'à une bonne table, à une bonne société, au bon vin, aux jolies femmes, aux plaisirs de toutes les couleurs, aux distractions de toute espèce ; j'aimerais mieux être un mendiant que d'être riche sans jouir. Mais revenons à votre Racine, à cet homme qui n'a été utile qu'aux gens qu'il n'a ni vus ni connus, et au temps où il était mort.

MOI.

Très-bien ! mais voyez le bon comme le mauvais côté des choses.... dans mille ans il fera verser des larmes ; il sera admiré dans tous les pays du monde ; il inspirera la tendresse, la pitié, l'humanité ; ses doux accens règneront sur les cœurs ; on demandera qui il était, où il était né ; on enviera à la France la gloire d'avoir été sa patrie. Quelques individus qui ne sont plus, et auxquels nous ne prenons aucun intérêt, ont souffert par lui ; mais nous n'avons plus rien à craindre ni de ses vices, ni de ses défauts : sans doute il eût mieux valu que la nature eût joint aux talens d'un grand homme les sentimens de l'honnête homme. C'était un arbre qui fit sécher quelques plantes nées dans son voisinage, qui étouffa des herbes qui croissaient à ses pieds ; mais son sommet s'éleva jusqu'aux nues, ses branches se sont étendues au loin ; il n'a pas envié leur ombre à ceux qui viennent ni à ceux qui viendront se reposer sous son dôme majestueux ; il a produit les fruits les plus exquis, et qui se renouvellent toujours.... Sans contredit on peut souhaiter que Voltaire soit aussi doux que Duclos, aussi franc que l'abbé Trublet, aussi droit que l'abbé d'Olivet; mais puisque cela ne saurait être, envisageons alors la question dans son vrai jour; oublions pour un moment le point où nous sommes dans l'espace et dans le temps; étendons notre vue sur les siècles à venir, sur des nations lointaines, sur des régions inconnues; pensons d'avance au bien de la postérité.... et, si nous ne sommes pas assez grands pour cela, pardonnons à la nature d'avoir été plus sage et plus généreuse que nous. Versez sur la tête de Greuze de l'eau-forte, et peut-être vous dissoudrez ensemble et son talent et sa vanité. Rendez Voltaire moins sensible à la critique, et il ne voudra plus identifier son âme avec l'âme de Mérope au désespoir, sentir ses douleurs pour vous les faire éprouver; il n'en sera plus touché, et ne vous touchera plus.

LUI.

Mais si la nature est aussi puissante que sage, pourquoi n'a-t-elle pas fait ces hommes aussi bons que grands?

MOI.

Ne voyez-vous pas qu'avec des demandes semblables vous renverseriez l'ordre de l'univers? Les idées de *perfection* comme toutes les autres sont relatives. Si tout était *parfait* ici-bas, rien ne serait *parfait* : et, qui pis est, rien de ce qui existe, n'existerait.

LUI.

Je crois que vous avez raison. Au fond, ce qui nous importe, ici, à tous deux, à vous et à moi, c'est que nous soyons, ici, tous deux, vous et moi. Que le reste marche comme il voudra, ou comme il pourra! Le meilleur ordre de choses me paraît être celui auquel j'appartiens : et que le diable emporte les hommes *parfaits*, pourvu que je ne sois pas emporté avec eux! j'aime mieux être et même n'être qu'un impertinent bavard, que de n'être pas du tout.

MOI.

Chacun pense comme vous, et cependant chacun veut critiquer quelque chose à l'ordre de la nature tel qu'il est, sans se douter qu'il renonce par-là à sa propre existence.

LUI.

C'est vrai.

MOI.

Soyons plus justes, et prenons les choses comme elles sont; réfléchissons à ce qu'elles nous coûtent et à ce qu'elles nous rapportent; et laissons pour ce qu'il est, le tout, que nous ne connaissons pas assez pour le louer ou pour le blâmer; et qui n'est peut-être ni bon ni mauvais, s'il est nécesaire, comme beaucoup de gens se l'imaginent.

LUI.

A ce que vous avancez là, je n'entends pas grand'chose; probablement, c'est de la philosophie, et il faut que je vous dise que je ne m'en suis jamais occupé. Au reste, tout content que je suis d'être *moi*, je voudrais bien être un autre; même avec la crainte de devenir un homme de génie, un grand homme. Oui, il faut que j'en convienne à la fin; je veux nier inutilement ce dont je suis trop convaincu au fond du cœur, c'est quelque chose que le mérite, quelque chose que l'estime. Quand j'entends louer un homme à talens, j'enrage de ses éloges. Je suis content lorsque j'apprends quelque trait de vous qui vous rabaisse; je l'écoute avec plaisir; cela nous rapproche, et je supporte mieux ma médiocrité : car elle me désole, ma médiocrité; et quand je me dis *tu n'aurais pas pu composer Mahomet ou l'éloge de Maupeou*, je me sens navré de chagrin. Oui, oui, je suis médiocre et tourmenté de l'être. Je n'ai jamais écouté l'ouverture des Indes galantes, ni entendu chanter : *Profonds abîmes du Ténare..... Nuit, éternelle nuit...* sans me dire avec douleur : tu ne feras jamais de ces choses-là... et alors j'étais envieux de mon oncle, mais à en crever de jalousie. Ah! si après sa mort il se trouve dans son portefeuille quelques bons morceaux pour le piano, ils ne risquent rien. Au lieu de rester *moi*, je deviendrai *lui*. Je vous le garantis d'avance.

MOI.

Laissons votre oncle, et ne parlons que de ce qui vous regarde. Ces idées-là vous affligent sans en valoir la peine.

LUI.

Ce sont des idées dont je ne suis pas maître..... (Alors il chanta les deux airs dont il venait de parler, et mettant la main sur sa poitrine :) Là, voyez-vous, là, il y a quelque chose qui me dit : Rameau, tu voudrais bien avoir fait ces deux morceaux : si tu les avais faits, tu en ferais encore d'autres. Si tu en avais fait un certain nombre, on te jouerait, on te chanterait partout : tu marcherais la tête levée, plein d'une satisfaction intérieure, et de la conscience de ton mérite. On te montrerait du doigt : le voilà, dirait-on, celui qui a fait ces jolies gavottes. (Alors il chantait les gavottes, son visage exprimait la joie, l'attendrissement; ses yeux se mouillaient de larmes; il se frottait les mains : tout à coup il reprit :) Tu te dirais à toi-même : j'ai une belle maison (il montrait avec ses bras son étendue), un bon lit (il faisait semblant de s'y étendre nonchalamment), de bons vins (il faisait semblant d'en goûter, en humectant son palais avec sa langue), des chevaux, une voiture (il levait le pied comme pour monter dedans), de jolies femmes; (il faisait semblant de les embrasser et de les regarder avec volupté), cent j... f...... viendraient t'encenser journellement. (Il semblait les voir autour de lui, et regardait Palissot, Poinsinet, Fréron père et fils, Laporte, et d'autres assis près de nous dans le café, les écoutait, se carrait, souriait, paraissait les approuver, puis les blâmer dédaigneusement, les repousser, les rappeler, et continuait :) Ainsi l'on te dirait le matin que tu es un grand homme; tu lirais dans *les Trois Siècles littéraires* (1) à la lettre R que tu es un grand homme; tu te coucherais le soir bien convaincu que tu es un grand homme; et le grand homme Rameau le neveu s'endormirait au doux bruit des éloges qui se feraient entendre autour de ses oreilles ; même en dormant il montrerait une mine rayonnante, sa large poitrine aurait une respiration libre; il ronflerait..... comme un grand homme. (Disant cela il se laissa couler tout doucement sur sa chaise, ferma les yeux, et fit semblant de dormir aussi heureusement qu'il se l'était imaginé; après quelques instants d'un si doux sommeil, il se réveilla, étendit ses bras, bâilla, se frotta les yeux, et chercha encore les flatteurs à ses côtés.)

MOI.

Vous croyez donc que l'homme dans l'opulence dort paisiblement?

---

(1) De l'abbé Sabatier de Castres.

LUI.

Si je le crois ! Moi, pauvre hère, quand j'ai regagné le soir mon taudis, que je suis grimpé sur mon grabat, que je suis couché mal à mon aise, entortillé de ma couverture en loques, alors ma poitrine est serrée, ma respiration faible ; c'est une espèce de plainte secrète qu'on entend à peine : au lieu qu'un financier, en se couchant, fait crier les roulettes de son lit de damas, ébranle toute sa chambre à coucher, au point d'être entendu dans la rue, et d'y faire arrêter les passans étonnés du bruit.... Mais ce qui m'afflige aujourd'hui n'est pas seulement que je ne dors et ne ronfle que misérablement.

MOI.

C'est toujours triste.

LUI.

Ce qui m'arrive est plus triste encore.

MOI.

Eh quoi donc?

LUI.

J'ai toujours pris quelque intérêt à moi-même; et sans moi, qui en aurait voulu prendre? Je suis un pauvre diable que vous méprisez au fond, mais qui vous divertit.

MOI.

C'est vrai.

LUI.

Apprenez donc..... (Avant de continuer, il soupira profondément, frotta son front avec ses deux mains; puis, d'un air plus calme, il reprit:) Vous savez que je suis ignorant, extravagant, sans pudeur, envieux, gourmand....

MOI.

Quelles louanges!

LUI.

Elles sont malheureusement trop méritées; on ne peut en retrancher un seul mot. C'est pour cela que je vous prie de ne point me contredire. Personne ne me connaît mieux que je ne me connais moi-même, et je ne dis pas tout.

MOI.

Pour ne pas vous fâcher, je vous approuve.

LUI.

Eh bien, monsieur, pensez que je vivais avec des personnes qui non-seulement me supportaient, me voyaient avec plaisir, mais même ne pouvaient se passer de moi, parce que je possédais au suprême degré toutes ces qualités.

MOI.

Cela m'étonne beaucoup. Jusqu'à présent j'ai cru qu'on se les cachait à soi-même, ou qu'on se les pardonnait, parce qu'on se pardonne tout, mais qu'on les méprisait dans autrui.

LUI.

Se les cacher ! le pourrait-on ? Soyez sûr que quand Palissot est seul, il se dit à lui-même tout autre chose que quand il en parle tout haut, et se vante impudemment du mérite qu'il n'a point. Soyez sûr que lui et son confrère, tels que vous les voyez l'un vis-à-vis de l'autre, se confessent intérieurement qu'ils sont deux fripons fieffés. — Mépriser ces qualités dans autrui ! Mes gens étaient plus indulgens, et je me trouvais parfaitement au milieu d'eux. J'étais comme un coq en pâte ; dès que je m'absentais, on s'en apercevait à l'instant : on me le reprochait ; on me caressait ; j'étais leur petit Rameau, leur aimable Rameau, leur Rameau le fou, l'effronté, l'ignorant, le paresseux, le gourmand, le railleur, le grand animal. En attendant, ces sobriquets me valaient un sourire, une embrassade, un petit coup sur l'épaule, un petit soufflet, un coup de pied ; à table, un bon morceau qu'on me jetait sur mon assiette ; après dîner, une liberté dont je prenais tout autant que j'en laissais prendre à mon égard ; car je suis un homme sans conséquence ; on fait de moi, devant moi et avec moi, tout ce qu'on veut, sans qu'il me vienne dans l'idée de m'en fâcher. Et ces petits présens qui pleuvaient sur moi, animal de chien que je suis, je les ai perdus ! J'ai tout perdu parce que j'ai eu une fois de l'esprit et le sens commun ! une seule fois en ma vie ! Ah ! si jamais pareille chose m'arrive encore !

MOI.

Et dites-moi : quand ce malheur vous est arrivé, de quoi était-il question ?

LUI.

Rameau ! Rameau ! t'avait-on reçu pour cela ? Quelle folie d'avoir un peu de raison, un peu d'esprit ! Rameau, mon ami, cela t'apprendra à rester tel que Dieu t'a fait, et que tes protecteurs t'ont voulu. A présent, on t'a pris par le bras, on t'a mis à la porte, et on t'a dit : « Sors, gueux ! qu'on ne te revoie plus ! Cela veut être sensé, je crois ! cela veut avoir de l'esprit ! Va-t'en ; de ton espèce nous en avons de reste. »—Alors tu t'es retiré en te mordant les pouces. Tu aurais dû te mordre auparavant ta maudite langue. Pourquoi n'as-tu pas été plus discret ? A présent tu es dans la rue sans un sou, et ne sais plus où aller. Tu étais nourri au delà de tes souhaits ; à présent je t'ai encore sur les épaules. Tu étais bien logé ; à présent trop heureux si l'on te laisse regrimper à ton grenier. Tu étais bien couché, et à présent la paille t'attend entre le cocher de M. de Soubise et l'ami Robbé (1). Au lieu d'un

---

(1) Poëte du dix-huitième siècle plein de bizarrerie, mais qui n'était pas sans talent. Il a composé un poëme sur la v......Piron disait que ce devait être un excellent ouvrage, parce que l'auteur était plein de son sujet. Il

sommeil doux et paisible, tu entendras d'une oreille les hennissemens et les trépignemens des chevaux, et de l'autre un bruit plus insupportable, des vers secs, durs et barbares. Malheureux! mal conseillé! possédé de cent mille diables!.....

MOI.

Mais n'y aurait-il pas moyen de tout réparer? Votre faute est-elle donc si grande et si impardonnable? A votre place, je chercherais à revoir mes gens; vous leur êtes plus nécessaire que vous ne croyez.

LUI.

Oh! certainement! maintenant que je ne les fais plus rire, ils s'ennuient comme des chiens.

MOI.

J'y retournerais, je ne leur laisserais pas

---

paraît qu'il n'était pas plus riche que Rameau le neveu, puisqu'ils avaient tous deux pour chambre à coucher l'écurie de M. de Soubise.

le temps d'apprendre à se passer de moi ; à s'accoutumer à des conversations raisonnables. Car qui sait ce qui peut arriver?

LUI.

Je ne crains pas cela. Je les connais trop bien, cela n'arrivera point.

MOI.

Quelque amusant que vous puissiez être, un autre peut vous remplacer.

LUI.

Difficilement.

MOI.

Que cela soit!... pourtant à votre place, j'irais les retrouver avec ce visage défiguré, ce regard troublé, ce cou à l'air, ces cheveux épars, dans cet état vraiment tragique où vous êtes maintenant! je me jetterais aux pieds de la divinité, et je lui dirais, prosterné, d'une voix éteinte, en soupirant : « Pardon, madame, pardon! je suis un indigne, un vaurien. C'était un moment malheureux. Car vous savez qu'il ne m'arrive jamais d'avoir le sens commun. Je vous promets que pareille chose ne m'arrivera plus de ma vie !

(Il était plaisant de le voir tandis que je parlais ainsi. Il joignait à mes paroles la pantomime, il se jetait le visage contre terre, il paraissait tenir entre ses deux mains la pointe d'une pantoufle, il pleurait, il soupirait... enfin il s'écria :)

LUI.

Oui, ma petite reine, oui, je vous le promets. Pareille chose ne m'arrivera plus de ma vie ! (Alors se relevant, et d'un ton sérieux et réfléchi, il me dit :) Oui, vous avez raison. C'est le meilleur parti à prendre. M. Vieillard dit qu'elle est si bonne ! je sais bien qu'elle est bonne... Mais s'humilier ainsi devant une pécore, une petite misérable comédienne (1) ! mendier la pitié d'une créature

---

(1) Mademoiselle Hus, actrice de la Comédie-Française, comme on le verra plus loin.

que le parterre siffle sans pitié! moi, Rameau, fils de M. Rameau, le fameux apothicaire de Dijon! moi, honnête homme, qui n'ai jamais fléchi le genou devant personne; moi, Rameau, neveu de celui qu'on appelle Rameau le grand; de celui qui maintenant se promène au Palais-Royal, d'un air libre et dégagé, en se carrant avec un bel habit, depuis que M. Carmontel l'a dessiné, comme il s'y promenait autrefois, en négligé sale, tout courbé, tout rechigné, les mains sous les paremens de sa houppelande; moi, qui ai fait des morceaux pour le piano, que personne ne joue, mais qui peut-être seuls arriveront à la postérité qui les jouera. Moi enfin, moi, j'irais... non, monsieur, je n'irai pas... (Posant la main sur sa poitrine.) Je sens quelque chose là qui me dit : Rameau, tu ne le feras point. Il faut pourtant qu'il y ait un certain instinct de dignité dans l'homme, un secret sentiment d'élévation. Elle se réveille à la fin... Pour rien au monde, non, pour rien au monde je ne le ferais aujourd'hui ; car il y a d'autres jours où cela ne me coûterait rien, rien du tout, de faire le plat autant qu'on le voudrait ; des jours où j'aurais baisé pour un liard le... d'une catin.

MOI.

Eh! mon ami, elle est blanche, gentille, jeune, potelée. La baiser n'est pas une chose qui doive répugner si fort. Il y en a bien d'autres plus délicats que vous qui aspireraient à cette humiliation.

LUI.

Entendons-nous, il y a une différence entre baiser et *baiser* des catins. L'un est au sens propre, l'autre au figuré. Demandez au gros Bergier ; il baise madame de la M*** dans l'acception réelle et dans l'acception métaphorique du mot. D'honneur, le propre et le figuré, dans ce cas, ne me plairaient pas plus l'un que l'autre.

MOI.

Si le moyen que je vous indique ne vous convient pas, ayez alors le courage d'être mendiant.

LUI.

C'est dur d'être mendiant..... il est vrai qu'il y a tant de fous riches aux dépens desquels on peut vivre ! Mais d'être forcé de se mépriser soi-même, voilà ce qui est le plus insupportable.

MOI.

Vous connaissez donc ce sentiment ?

LUI.

Si je le connais ! Combien de fois me suis-je dit à moi-même : Quoi, Rameau ! il y a dix mille bonnes tables dans Paris, chacune de quinze à vingt couverts, et de tous ces couverts aucun n'est mis pour toi ! mille petits beaux esprits sans talens, sans mérite; mille petites créatures sans charmes; mille plats intrigans sont bien habillés ; et toi tu cours tout nu ! Es-tu donc tellement imbécile, sans ressource, inhabile à tout ! Quoi ! tu ne saurais pas flatter, mentir, faire de faux sermens, des promesses, et les tenir ou non, comme un autre ? tu ne pourrais pas marcher comme un autre à quatre pates ? tu ne pourrais pas comme un autre favoriser l'intrigue d'amour de la femme, et faire arriver à son adresse le petit poulet du mari ? tu ne pourrais pas faire entendre à une jolie fille du peuple qu'elle est mal habillée ; que de belles boucles d'oreille, du rouge, des dentelles, et une robe à la polonaise, lui siéraient à ravir ? que ses petits pieds ne sont pas faits pour trotter dans la rue ? qu'il se trouve un jeune homme riche et beau, avec des habits galonnés, un brillant équipage, ayant six laquais, qui l'a aperçue en passant, et qui l'a trouvée charmante, qui depuis ce jour-là ne peut plus ni manger ni boire, qui ne dort plus, et qui mourra d'amour ? — « Mais mon père ! — Eh bien ! eh bien, votre père! il se fâchera un peu dans le commencement. — Et ma mère, qui me recommande tant de rester honnête fille! qui me dit toujours que rien ne marche dans le monde avant l'honneur! — Vieux proverbe qui ne signifie rien. — Et mon confesseur? — Celui-là, vous ne le reverrez plus, ou si vous persistez dans la fantaisie de lui raconter vos passe-temps, alors cela vous coûtera quelques livres de sucre et de café. — C'est un homme sévère, qui déjà m'a refusé l'absolution à cause d'une chanson : *Viens dans ma chaumière.....* — Uniquement parce que vous n'aviez rien à lui donner : mais si vous paraissiez devant lui en dentelles..... — J'aurai donc des dentelles? — Certainement, et de toute espèce, et des girandoles superbes. — Des girandoles superbes? — Oui. — Comme la marquise qui vient souvent à la maison acheter des souliers du matin? — Absolument comme elle.... une jolie voiture attelée de chevaux pommelés, deux valets et un petit nègre par derrière, un coureur devant..... du rouge, des mouches, et la queue de votre robe portée par des laquais..... vous irez au bal. — Au bal ? — A l'Opéra, à la comédie. » — Déjà le cœur lui bat de joie. Alors, je joue avec un petit papier entre mes doigts. — « Qu'est-ce que c'est que cela ? — Rien, rien du tout. — J'imaginais...... que c'était peut-être... — Un billet ? — Et pour qui ? — Pour vous, si vous êtes un peu curieuse. — Curieuse ! je le suis beaucoup. Laissez voir. » — Je donne. Elle lit. — « Un rendez-vous ! cela ne se peut pas. — Quand vous irez à la messe. — Maman m'accompagne toujours. — Mais s'il venait un peu plus tôt ? — Je me lève toujours la première, et suis avant tous les autres au comptoir. » — Il vient ; on est bientôt d'accord ; et avant que personne s'en soit douté, entre la nuit et le jour, la petite disparaît, on me compte deux mille écus..... et, un pareil talent, tu le posséderais si bien, et tu manques de pain ? tu ne te fais pas honte à toi-même, malheureux!..... Pour mettre le comble à ma colère, je me rappelle une foule de vauriens, qui ne sont pas faits pour m'être comparés, et qui à ma barbe sont gorgés de biens: tandis que je marche en surtout de bouracan, ils sont habillés de velours; ils s'appuient sur un jonc à bouton d'or, ils ont en pierres gravées des *Aristotes* et des *Platons* aux doigts..... et qu'est-ce qu'ils étaient auparavant? les plus misérables j.. f... A présent ils sont des espèces de seigneurs! ces idées m'enflamment dans le moment; je me sens du courage, de l'émulation, l'esprit subtil et capable de tout..... mais ces heureuses dispositions ne durent pas longtemps chez moi, à ce qu'il paraît; car jusqu'à présent je n'ai pas fait un grand chemin..... Que cela soit comme cela voudra! C'est le refrain journalier de tous mes soliloques: paraphrasez-les comme vous voudrez, toujours vous aurez pour résultat que je connais le mépris de moi-même, ce tourment de la conscience, ce remords qui nous déchire, quand on laisse périr infructueux les talens dont le ciel nous a gratifiés. Il vaudrait mieux n'être jamais né!

(Je l'écoutais, et tandis qu'il racontait la scène du séducteur et de la jeune fille, je me sentais agité tour à tour par des sentimens opposés : je ne savais pas si je devais m'abandonner à l'envie de rire, ou à l'indignation et au mépris ; je souffrais, j'étais surpris de voir ce mélange de tant d'adresse dans l'esprit, et de tant de bassesse dans le coeur ; cette finesse d'observation, et cette perversité de sentimens ; ce contraste des idées les plus justes et les plus fausses ; une infamie si grande et si complète, et une franchise si rare et si intrépide. Il s'aperçut du combat qui se passait en moi, et me demanda) : Qu'avez-vous ?

MOI.

Rien.

LUI.

Vous paraissez troublé.

MOI.

Je le suis aussi.

LUI.

Que me conseillez-vous donc?

MOI.

De parler d'autre chose, malheureux! pour quel excès de dépravation êtes-vous né, ou quelle horrible misère vous y a réduit?

LUI.

J'en conviens. Mais que ma position ne vous touche pas trop le cœur. En m'ouvrant à vous, je n'ai eu nullement l'idée de vous affliger, ni de vous rien demander. J'ai fait quelques épargnes chez les gens dont nous parlons. Songez que je n'ai besoin de rien, de rien du tout; et qu'on m'a donné pour de certains petits plaisirs assez pour...

(Ici il y a une lacune dans le manuscrit; le lieu de la scène est changé, et les inter-

locuteurs sont allés dans une maison près du Palais-Royal.)

(Là, il commence à se frapper le front à coups de poing, à se mordre les lèvres, et d'un air égaré, il regarde le tapis qui couvrait la table, en s'écriant) : Non, la chose est faite, j'ai mis quelque chose de côté, le temps s'est écoulé en attendant, et c'est autant de gagné.

MOI.

Autant de perdu, voulez-vous dire?

LUI.

Non, non, autant de gagné. A chaque moment on s'enrichit davantage. Vivre un jour de moins, ou avoir un écu de plus dans sa poche, cela revient absolument au même. La seule chose importante, c'est d'aller souvent, librement et agréablement se soulager à la chaise percée. — *O stercus pretiosum!* c'est le grand résultat de la vie dans tous les états. Au dernier moment l'un a autant que l'autre. Samuel Bernard, qui en volant, pillant, en faisant banqueroute, a su amasser et laissera après lui vingt-sept millions en or, ne sera pas plus riche en mourant que Rameau qui ne laissera rien, et à qui la Charité fournira un drap mortuaire pour l'ensevelir. Le mort n'entend pas sonner les cloches ; inutilement cent calotins gueulent en son honneur ; inutilement brûle devant et derrière lui une enfilade de cierges ; son âme ne revient pas voler autour du maître de cérémonie : pourir sous le marbre ou dans la terre, c'est toujours pourir. Avoir autour de son cercueil des enfans rouges ou bleus, ou n'avoir personne, qu'importe ? — Tenez, regardez mon poing ; il était fort comme le diable ; ces dix doigts, dix bâtons attachés à ma main racineuse ; ces tendons, ces vieilles cordes de boyaux plus dures, plus roides que celles qui ont servi à la roue du tourneur. Mais moi, je les ai tellement tourmentés, pincés, cassés. — Tu ne veux point marcher ? et moi, je te jure sur mon Dieu que tu marcheras, et tu n'y échapperas pas. (En disant cela, il pressait de sa main droite les doigts et les jointures de sa main gauche, il les tirait du haut en bas au point de leur faire toucher des bouts le haut de son avant-bras; on entendait craquer ses muscles, et la peur me prit qu'il ne se démît les os.)

MOI.

Prenez donc garde, vous vous ferez du mal.

LUI.

Ne craignez rien, ils y sont accoutumés; depuis dix ans, je leur ai donné d'autres problèmes à résoudre. Dans le commencement, les gueux ne voulaient pas se faire à ce manége-là. A la fin ils ont été forcés d'apprendre à parcourir les claviers et à sautiller sur les cordes ; aussi à présent, cela marche, cela marche.

(Alors il prend l'attitude d'un joueur de violon; il prélude en fredonnant un *allegro* de Locatelli ; son bras droit imite le mouvement de l'archet; les doigts de sa main gauche semblent parcourir les cordes; au son faux de sa voix, il s'arrête, fait semblant d'accorder son violon, et d'en pincer les cordes à coups d'ongles, jusqu'à ce qu'il arrive à un son pur. Puis il reprend le morceau où il l'avait interrompu; il bat la mesure avec son pied, remue vivement la tête, les mains, les bras et tout le corps, comme vous avez vu souvent au concert spirituel *Ferrari*, *Chiabrau* et d'autres virtuoses, faire les plus horribles contorsions, et représenter au naturel le tableau d'un martyr, au point de vous communiquer les douleurs de son supplice : car n'est-ce pas une chose douloureuse de ne voir qu'un martyr dans celui qui achète le plaisir qu'il vous donne au prix de ses souffrances et de ses tortures. Mettez un rideau entre moi et cet homme, s'il faut qu'en formant des accords heureux il ressemble aux malheureux qu'on voit sur le banc du bourreau rompeur.

Mais au milieu de mouvemens si vifs et

de cris si aigus, tout à coup la physionomie de mon homme change, lorsqu'il arrive à un passage harmonieux où l'archet parcourt plusieurs cordes à la fois; son visage n'est plus reconnaissable, et respire la plus touchante expression du plaisir; sa voix s'adoucit; il s'écoute avec délices. Son illusion me gagnait moi-même, et je croyais comme lui entendre les accords. Le morceau achevé, il feignit de mettre son instrument sous son bras gauche, et de laisser couler sa main droite après son archet, et me dit): Eh bien, qu'en pensez-vous?

MOI.

Je suis ravi au delà de toute expression.

LUI.

Il me semble que cela ne va pas mal, et que j'en tire des sons tout comme un autre. (Alors il s'assit dans l'attitude d'un maître de *forté* qui se place à son clavier; et je m'écriai): Grâce pour vous, pour moi!

LUI.

Non, non : Puisque je vous tiens, vous m'entendrez. Je ne vous demande pas d'applaudissemens, car on les donne sans savoir pourquoi ; mais je veux que vous me jugiez avec connaissance de cause ; et cela me vaudra peut-être quelques écoliers de plus.

MOI.

J'ai si peu de relations ! Vous vous fatiguez tout-à-fait inutilement.

LUI.

Je ne me fatigue jamais.

(En cela il se trompait beaucoup, car la sonate au violon l'avait mis tout en nage. Mais comme je vis que cet homme, bon gré malgré, s'opiniâtrait et prenait plaisir à se tuer, je le laissai faire. Il se mit donc *au piano*, les genoux pliés, le visage tourné et les yeux fixés sur le panneau de boiserie au-dessus de la table, comme s'il avait lu dans une partition placée devant lui : Il chantait, préludait, exécutait un morceau d'*Alberti* ou de *Galuppi*, je ne sais duquel des deux. Sa voix allait comme le vent, et ses doigts voltigeaient sur le clavier. Bientôt il quitte les tons du haut pour se jeter sur ceux du bas; puis il reprend comme pour l'accompagnement ceux du haut. Sur sa figure se peignaient tour à tour toutes les passions; on pouvait distinguer la colère, la tendresse, le plaisir, la douleur; on sentait l'*allegro* et le *latente*, et certainement un amateur plus exercé que moi, aurait reconnu le morceau qu'il exécutait, aux mouvemens de son visage qui en marquaient le caractère, aux gestes de son corps qui en battaient la mesure, aux accens de sa voix et aux sons qui lui échappaient de temps en temps. Mais ce qui était vraiment curieux, c'était de voir comme il se disait des injures à lui-même, se frappait des mains comme s'il avait manqué, se fâchait de ne pas posséder assez dans ses doigts le morceau qu'il jouait, pour rendre toutes ses beautés par une exécution sûre, facile et brillante.

(A la fin, se tournant vers moi, et essuyant la sueur dont ses joues étaient inondées): Vous voyez, dit-il, vous voyez que nous savons aussi nous jouer avec les difficultés, les dissonances, les quintes superflues ; que l'enchaînement des dominantes nous est familier ; que ces modulations harmoniques dont le cher oncle fait tant de bruit, ne sont pas inventées pour le diable. Nous savons aussi nous en tirer.

MOI.

. Vous vous êtes donné beaucoup de peine pour me prouver que vous êtes très-savant. Vous étiez homme à être cru sur parole.

LUI.

Très-savant ! non. Mon métier, je l'entends un peu, et c'est plus qu'il n'en faut : car est-on forcé dans ce pays de savoir ce qu'on enseigne aux autres ?

MOI.

Pas plus que de savoir ce qu'on apprend soi-même.

LUI.

Très-bien trouvé, parfaitement bien trouvé ! A présent, monsieur le philosophe, dites-moi, sincèrement parlant, la main sur la conscience...... il fut un temps où vous n'étiez pas *remplumé* comme aujourd'hui.

MOI.

Encore ne le suis-je pas trop.

LUI.

Malgré cela, vous n'iriez plus, l'été, au Luxembourg, vous en souvient-il ?... en...

MOI.

Laissons cela..... Oui, je m'en souviens.

LUI.

En surtout de pluche grise....

MOI.

Oui, c'est cela.

LUI.

Râpé; et vos manchettes en loques, et vos bas de laine noire raccommodés avec du fil blanc....

MOI.

Oui, vraiment oui... Au reste, achevez, dites tout ce qu'il vous plaira.

LUI.

Que faisiez-vous alors dans l'allée des Soupirs?

MOI.

Une bien triste mine.

LUI.

Et de là vous trottiez sur le pavé....

MOI.

Très-vrai.

LUI.

Pour aller donner des leçons de mathématiques....

MOI.

Sans en comprendre un mot. N'est-il pas vrai, c'est là que vous en vouliez venir?

LUI.

Justement.

MOI.

J'apprenais moi-même en instruisant les autres, et j'ai fait quelques bons élèves.

LUI.

C'est possible. Mais cela ne va pas avec la musique comme avec l'algèbre et la géométrie. A présent que vous êtes un homme calé....

MOI.

Pas à l'excès.

LUI.

Que vous avez du foin dans vos bottes.

MOI.

Très-peu.

LUI.

Vous donnez des maîtres à votre fille ?

MOI.

Pas encore : car sa mère seule prend soin de son éducation. On aime à avoir la paix dans sa maison.

LUI.

La paix dans sa maison ! que diable ! on ne l'a que quand on est maître ou valet ! et il faut être maître. J'avais une femme aussi, que Dieu pardonne à son âme ! mais quand elle devenait de temps en temps un peu revêche, un peu acariâtre ; de mon côté je me mettais sur mes griffes ; je faisais gronder mon tonnerre, et disais comme Dieu : *Qu'il éclate !* et il éclatait ! aussi, dans l'espace de quatre ans nous n'avons pas élevé la voix dix fois l'un contre l'autre. — Quel âge a votre enfant ?

MOI.

Cela ne fait rien à l'affaire.

LUI.

Quel âge a votre enfant?

MOI.

Au nom du diable, laissons-là mon enfant, et ses maîtres, et son âge....

LUI.

O Dieu ! que les philosophes sont durs et difficiles à manier ! on ne sait comment s'y prendre avec eux. Mais si l'on vous disait bien poliment, bien respectueusement, ne pourrait-on savoir de monsieur le philosophe quel est à peu près l'âge de mademoiselle sa fille?

MOI.

Vous pouvez admettre huit ans.

LUI.

Huit ans! déjà, depuis quatre ans, elle devrait avoir les doigts sur le clavier.

MOI.

Mais qui vous dit que je me soucie de faire entrer dans le plan de son éducation une étude qui occupe si long-temps, et qui sert à si peu de chose ?

LUI.

Et que doit-elle donc apprendre, s'il vous plaît ?

MOI.

A bien penser, s'il est possible : chose rare chez les hommes, et encore plus rare chez les femmes.

LUI.

Avec tout votre esprit, quel travers ! laissez-la au moins devenir gentille, aimable et coquette.

MOI.

Non, assurément ! la nature l'a déjà traitée en marâtre en lui donnant une constitution délicate, jointe à une âme sensible ; et je l'exposerais aux chagrins, comme si elle eût été solidement constituée, et qu'elle eût un cœur de marbre ! non.... Avant tout, je lui apprendrai à supporter la vie avec courage.

LUI.

Laissez-la folâtrer et souffrir, se parer et avoir des maux de nerfs, comme les autres; pourvu qu'elle soit gentille, aimable et coquette. — Comment ! point de danse ?

MOI.

Pas plus qu'il n'en faut pour savoir se présenter décemment, faire la révérence, et marcher sans gêne.

LUI.

Point de chant ?

MOI.

Pas plus qu'il n'en faut pour bien prononcer.

LUI.

Point de musique ?

MOI..

Si je connaissais un maître bon harmoniste, je la lui confierais volontiers deux heures par jour, pour un ou deux ans, mais pas plus long-temps.

LUI.

Et à la place de choses si essentielles que vous rejetez, qu'apprendra-t-elle ?

MOI.

La grammaire, la fable, l'histoire, la géographie, un peu de dessin et beaucoup de morale.

LUI.

Comme il serait facile de vous prouver que toutes ces connaissances sont inutiles dans un monde tel que celui où nous vivons! que dis-je, inutiles! peut-être dangereuses. Mais, pour ne pas changer de conversation, je vous demanderai si elle ne doit pas avoir au moins un ou deux maîtres?

MOI.

Nous verrons cela;.... mais uniquement pour les études que je viens de vous indiquer.

LUI.

Nous y voilà enfin. Et ces maîtres, pensez-vous qu'ils sauront la grammaire, la fable, l'histoire, la géographie, la morale, qu'ils prétendront montrer; chansons, mon cher monsieur, chansons! s'ils possédaient ces connaissances assez à fond pour être en état de les enseigner aux autres, ils ne les enseigneraient pas.

MOI.

Et pourquoi?

LUI.

Ils auraient passé leur vie à les étudier. Il faut être versé à fond dans un art ou dans une science pour en bien connaître les principes. De bons ouvrages élémentaires ne peuvent être composés que par des hommes qui ont blanchi sous le harnais. Ce n'est que le milieu et la fin qui éclaircissent les ténèbres du commencement. Demandez à votre ami M. d'Alembert, qui a percé si avant dans les profondeurs des sciences mathématiques, s'il est facile d'en exposer les élémens. Après trente ou quarante ans d'exercice, mon oncle n'est parvenu qu'au premier brouillard de la théorie musicale.

MOI.

O fou ! archi-fou, m'écriai-je ; comment est-il possible que dans ta vilaine et mauvaise tête, se trouvent des pensées si justes, entremêlées avec tant d'extravagances ?

LUI.

Le diable peut le savoir ! Quand le hasard les y jette, elles y restent. Ce qui est certain, c'est que, quand on ne sait pas tout, on ne sait rien *bien*; on ne sait où une chose va, d'où une autre vient, comment l'une ou l'autre doit être ordonnée par rapport au tout, laquelle doit marcher la première, et laquelle doit suivre. Peut-on bien instruire sans méthode? et la méthode d'où vient-elle? C'est d'après ces réflexions, mon cher philosophe, que je suis convaincu que la physique demeurera toujours une science imparfaite. Puiser une goutte d'eau avec la pointe d'une épingle dans l'Océan, détacher un grain de sable de la chaîne des Alpes, et ensuite chercher les causes des phénomènes! Parole d'honneur, il serait plus heureux de ne rien savoir que de savoir si peu ou de savoir si mal!

J'en parle par expérience, car j'en étais là moi-même à l'égard de la musique, lorsque je me mis en tête d'exercer l'état de maître d'accompagnement. — A quoi pensez-vous donc?

MOI.

Je pense que tout ce que vous dites est plus spécieux que fondé!...... Mais laissons cela. Vous professez, dites-vous, l'accompagnement et le solfége?

LUI.

Oui.

MOI.

Et dans le commencement vous n'y entendiez rien ?

LUI.

Non, sur mon Dieu ; et croyez que les autres qui prétendent en savoir quelque chose en savent encore moins que moi. Mais, au reste, je n'ai jamais gâté l'intelligence ni les doigts des enfans. Si, après moi, ils tombaient entre les mains d'un bon maître, du moins ils n'avaient rien à oublier, puisqu'ils n'avaient rien appris ; et c'était toujours gagner autant de temps et épargner autant d'argent.

MOI.

Comment faisiez-vous donc votre métier ?

LUI.

Comme ils le font tous. J'arrivais ; je me jetais sur une chaise.... « — Dieu ! que le temps est mauvais ! Comme le pavé fatigue ! » — Alors venaient quelques nouvelles. — « Mademoiselle Lemière devait jouer la

Vestale dans le nouvel opéra (1) : mais elle est déjà enceinte pour la seconde fois ; on ne sait pas qui pourra la doubler. Mademoiselle Arnoud a perdu son petit comte ; on dit qu'elle est en négociation avec Bertin : en attendant, le petit comte s'en dédommage avec la porcelaine de M. de Montami. Au dernier concert d'amateurs se trouvait une Italienne qui a chanté comme un ange. Préville est un drôle de corps ! Il faut le voir dans le Mercure Galant ! Cet endroit de l'énigme est impayable ! La pauvre Duménil ne sait plus ce qu'elle dit ni ce qu'elle fait.... Allons, mademoiselle, votre solfége ! » Et tandis que mademoiselle cherche, sans trop se presser, son livre qu'elle a égaré, et qu'on appelle la femme-de-chambre, je continue : « Véritablement la Clairon devient de jour en jour plus étonnante. On parle d'un mariage inconcevable pro-

---

(1) Dans l'acte du *feu* de l'opéra des *Élémens*, du poëte *Roi*.

jeté pour mademoiselle.... Comment s'appelle-t-elle donc? une petite créature que... entretenait, à laquelle il a fait deux ou trois enfans, et que tant d'autres ont entretenue depuis. — Allez, Rameau, cela n'est pas possible. — Pas possible ! on dit que la chose est faite. Le bruit court que Voltaire est mort. Tant mieux. — Pourquoi tant mieux ? — Tant mieux, parce qu'il nous donnera sûrement quelque chose de piquant qui nous fera rire, Dieu sait ! Vous savez que c'est toujours son habitude, quinze jours avant qu'il ne meure.... » — Que voulez-vous que je leur dise de plus ? — J'ajoute quelque chose d'inconvenant et de ridicule que j'ai remarqué dans la maison d'où je sors, car nous sommes tous de grands bavards. Ainsi, de propos en propos, je jouais le fou; on m'écoutait, on riait, on s'écriait : « Il est toujours amusant ! toujours aimable ! » — En attendant on avait retrouvé le livre de musique sous un fauteuil où le petit chien et le petit chat l'avaient traîné, rongé et déchiré. — Alors la jolie enfant se mettait seule au piano, et commençait à y faire un grand tapage. Moi, je m'approchais de la mère, et lui faisais, en *à parte*, un signe d'approbation. — « Eh bien, cela ne va pas trop mal, dit la mère. Il faut seulement vouloir : mais on ne veut pas ; on aime mieux perdre son temps à babiller, à baguenauder, à courir les promenades, à faire Dieu sait quoi ; vous tournez à peine le dos que le livre est fermé, et ce n'est que quand vous revenez qu'on le r'ouvre de nouveau. Que ne ferait-on pas si l'on travaillait, puisque même, en travaillant si peu, vous ne faites jamais de reproches ? » — Cependant, comme il fallait que j'eusse l'air de faire quelque chose, je prenais les mains de la petite et les replaçais autrement sur le piano ; je faisais le fâché ; je criais : « Sol, sol, sol, mademoiselle ! c'est un sol. » — La mère : « Mademoiselle, vous n'avez donc pas d'oreille ? Je ne suis pas au piano, je n'ai pas votre livre devant moi, et cependant moi-même je sens bien que ce doit être un sol. Vous donnez une peine infinie à monsieur ; vous ne retenez rien de tout ce qu'il dit : vous ne faites aucun progrès. » Alors j'interromps un peu ses reproches, en hochant la tête, et lui dis : « Pardon, madame, pardon ; cela pourrait aller mieux, si mademoiselle le voulait : mais cependant cela ne va pas trop mal. — A votre place, je la tiendrais une année entière attachée à un morceau, à un seul morceau. — Je ne le lâcherais pas qu'on n'eût vaincu toutes les difficultés ; et cela ne durerait pas si long-temps que mademoiselle peut se l'imaginer. — Monsieur Rameau, vous la gâtez ; vous êtes trop bon : c'est la seule chose dont on se souvienne de la leçon et qu'on trouve souvent l'occasion de me répéter. » — Ainsi l'heure se passe ; mon écolière me présente gracieusement mon cachet, en me faisant la révérence comme son maître de danse le lui a appris. La mère dit : « Très-bien, mademoiselle; si M. Abraham était là, je suis sûre qu'il serait content de vous. » — Je mets mon cachet dans ma poche, je jase encore un moment par bienséance, puis je salue, et je m'éclipse. — Et voilà ce qu'on appelait alors, en me reconduisant, une leçon.

MOI.

Et maintenant, il paraît que les choses vont autrement?

LUI.

Je vous en réponds! maintenant, j'arrive d'un air important, je jette mon manchon sur un fauteuil, j'ouvre le piano, j'essaie s'il est d'accord, je fais l'affairé, et si on me laisse attendre un moment, je me fâche comme si on me volait un écu. « Dépêchez-vous donc; on m'attend ailleurs. On crie après moi. Dans une heure il faut que je sois en tel endroit; dans deux heures, chez madame la marquise de....., à midi chez madame la duchesse de....; et de là, il faut que j'aille au concert chez M. le baron de Bagge, rue Neuve-des-Petits-Champs.

MOI.

Et on ne vous attend nulle part?

LUI.

Nulle part.

MOI.

Et à quoi bon tous ces petits et honteux manéges?

LUI.

Honteux manéges! parlez mieux. Pourquoi honteux, s'il vous plaît? je ne les ai pas inventés; tous mes confrères en font usage. Je ne me dégrade point en agissant comme tout le monde, et je serais bien étrange et bien maladroit de ne pas me conformer à cet usage antique et solennel. Vous allez me rabâcher je ne sais quels lieux communs de morale que tous ont dans la bouche; qu'on fait sonner bien haut, pourvu que personne ne soit obligé de les pratiquer. A cette condition-là, on vous laisse prouver tant que vous voulez que le noir est blanc, et que le blanc est noir.... Mais, monsieur le philosophe, même en admettant vos grands principes, je ne me tiendrais pas encore pour battu. Posons qu'il y ait une conscience générale, comme une grammaire générale : vous savez qu'il y a des exceptions dans chaque langue. Vous les appelez, je crois, vous autres savans..... allons.... allons, aidez-moi donc à trouver le mot.

MOI.

Idiotismes.

LUI.

C'est cela. Hé bien ! je dis que chaque état a ses exceptions à la conscience générale ; et j'appellerais volontiers ces rubriques : *Idiotismes* de métier.

MOI.

En effet, Fontenelle parle bien, écrit bien, et son style fourmille de *gallicismes*, d'*idiotismes* français.

LUI.

Et le prince, le ministre, le financier, le magistrat, le soldat, le savant, l'avocat, le procureur, le négociant, le banquier, l'artisan, le maître de chant, le maître de danse, sont tous de très-honnêtes gens, quoique leur conduite sur plusieurs points s'écarte de la conscience générale, et soit remplie d'*idiotismes* moraux. Plus les temps sont malheureux, plus les *idiotismes* s'augmentent; ils s'accumulent sans cesse; et plus l'ordre des sociétés humaines est ancien, plus il y a d'*idiotismes*: de sorte que si au commencement de l'institution, tant vaut l'homme, tant vaut le métier, tout au contraire à la fin, ce que le métier valait, l'homme est censé le valoir : c'est pour cela que partout et toujours on cherche à faire valoir son métier le plus possible.

MOI.

Ce que je puis entrevoir, à travers toutes ces phrases entortillées, c'est que vous voulez dire qu'un état exercé loyalement ne ferait pas vivre son homme, et qu'il y a peu de gens qui fassent honnêtement leur métier.

LUI.

Peu! il n'y en a point. Mais aussi en revanche il y a peu de gens *fripons hors de leur métier*, soit parce qu'ils ne se soucient point de l'être; car on ne l'est qu'autant qu'on y a intérêt; soit parce qu'ils n'y entendraient rien, et ne seraient pas au fait des rubriques des autres états. Qui serait laborieux, économe, sans manéges, sans jongleries, du matin au soir suant, travaillant, ne s'occupant que de remplir son devoir, ne gagnerait pas de quoi vivre : tandis que les autres vivent dans l'abondance, et s'enrichissent.

MOI.

A cause de l'*idiotisme*?

LUI.

Vous y êtes. L'*idiotisme* embrasse tous les

états; il y en a qui sont de tous les pays et de tous les temps, de même qu'il y a des extravagances générales. Ainsi c'est un *idiotisme* général, un manége commun à tous ceux qui professent un métier, de chercher à se procurer le plus de pratiques possible; de même que c'est une bêtise générale de croire que le plus savant en a le plus : car remarquez que les *exceptions à la conscience générale* sont toujours en rapport avec les préjugés dominans, avec les erreurs accréditées, fantômes qui ne sont rien en eux-mêmes, mais dont l'opinion fait des réalités et des puissances au profit des habiles charlatans. Autrefois on disait : Bonne renommée vaut mieux que ceinture dorée. En attendant, celui qui a bonne renommée n'a pas toujours ceinture dorée; mais ce qui est certain de nos jours, c'est que celui qui a ceinture dorée, la bonne renommée ne lui manque pas. Il faut avoir, s'il est possible, les deux à la fois. Tel est mon but en me faisant valoir par ce que vous appelez, il est vrai, des manéges petits, bas et indignes. Je donne ma leçon, et la donne bien : voilà la part de la conscience : je fais accroire aux gens que j'en ai plus à donner que le jour n'a d'heures ; ceci appartient à l'*idiotisme*.

MOI.

Et vous donnez bien vos leçons ?

LUI.

Oui, pas mal, pas mal vraiment. Les ouvrages de mon oncle sur les principes de l'art ont simplifié tout cela. Autrefois, je volais à mes écoliers leur argent ; oui, je le volais, j'en conviens : à présent, je le gagne au moins aussi bien qu'un autre.

MOI.

Et vous le voliez sans remords de conscience ?

LUI.

Vous savez qu'on dit : Quand un voleur en vole un autre, le diable s'en réjouit. Les parens affichaient un luxe insultant, étalaient une fortune scandaleuse, et Dieu sait comment ils l'avaient gagnée ! C'étaient des gens de cour, des financiers, de gros négocians, d'épais banquiers. Moi, et beaucoup d'autres qu'ils employaient, nous leur facilitions, à qui mieux mieux, la bonne action... de la restitution. Dans la nature, tous les êtres se mangent; dans la société, tous les états se mangent. Nous nous punissons l'un l'autre sans que la loi s'en mêle. La Deschamps autrefois, comme la Guimard aujourd'hui, vengent le prince du financier qui le vole. La marchande de modes, le bijoutier, le tapissier, la blanchisseuse, l'escroc, la femme de chambre, le cuisinier, le sellier, vengent le financier de la Deschamps et de la Guimard. Il n'y a que l'incapable et le paresseux qui pâtit sans avoir mangé personne, et c'est bien fait. Et vous voyez par-là que toutes ces exceptions à la conscience générale, tous ces *idiotismes* moraux contre lesquels on se révolte à tort, et qu'on appelle charlatanerie, friponnerie, ne nuisent en rien au train du monde. Être honnête ou non, qu'importe? ce qui importe, c'est d'être adroit et d'avoir le coup d'œil juste.

MOI.

J'admire le vôtre !

LUI.

Et puis la misère ! la voix de la conscience et celle de l'honneur sont muettes quand les boyaux crient... Suffit ! si jamais je deviens riche, je serai forcé aussi de faire des restitutions, et je suis fermement résolu de restituer de toutes les manières possibles, par la table, par le jeu, par le vin, par les femmes.

MOI.

Je crains bien que vous ne fassiez jamais cette bonne action-là.

LUI.

J'en ai peur aussi.

MOI.

Du moins vous avez le mérite de l'intention. Il ne manque à la volonté que le pouvoir.

LUI.

Assurément, que la fortune vienne, et on verra. Comme tous les gueux parvenus, je deviendrai le plus insolent j... f... que la terre ait jamais porté. Je me souviendrai de tous ceux qui en ont mal usé avec moi ; je leur restituerai tous leurs mauvais procédés de la manière la plus loyale. J'aime à commander, et je commanderai. Je veux être loué et on me louera. J'aurai à ma solde tous les bas flatteurs, tous les plats bouffons, tous les piqueurs d'assiette de Paris. Et comme on m'a traité, je les traiterai à mon tour. Allons, j... f... qu'on m'amuse; et on m'amusera! qu'on déchire les honnêtes gens, et on les déchirera, s'il en reste. Nous aurons de jolies filles ; nous nous tutoierons quand nous serons ivres; nous nous livrerons à tous les égaremens d'imagination, à tous les genres de dépravation et de crimes d'amour : cela sera délicieux ! A table il faudra nous entendre : nous prouverons que Voltaire est sans génie, que Montesquieu n'est qu'un bel esprit, que Buffon n'est qu'un déclamateur boursoufflé et monté sur des échasses. Nous renverrons avec mépris votre d'Alembert à ses mathématiques; et quant aux petits Catons de votre espèce, nous marcherons à pieds joints sur leur dos et sur leur ventre, vous qui nous satirisez par jalousie, ou dont l'indulgence n'est que de l'orgueil, et la feinte modération, une vertu de nécessité. — Quant à la musique, nous en ferons aussi ; nous ferons de la bonne musique !

MOI.

Au noble emploi que vous feriez de votre richesse, je vois combien c'est dommage que vous restiez toujours gueux. Vraiment, vous vivriez d'une manière bien honorable à la nature humaine, bien utile à vos concitoyens, et à vous-même.

LUI.

Vous pensez railler, monsieur le philosophe,

vous ne savez pas à qui vous avez affaire. Vous ne voyez donc pas que j'imite en ce moment la plus brillante, et la plus importante partie de la cour et même de la ville. Nos riches de toutes les classes se sont dit exactement ce que je viens de vous dire; mènent la même vie que je mènerais à leur place. Sous mon nom, je vous ai confié leurs pensées, et raconté leur histoire. Mais voilà comme vous êtes avec votre droiture inflexible, vos vues étroites, et votre esprit tout d'une pièce; vous croyez que le même honneur est fait pour tous. Le vôtre demande une tournure d'esprit romanesque, que les riches n'ont pas, et qu'il n'est pas à propos qu'ils aient. Ce travers, vous l'embellissez du nom de vertu, vous l'appelez *philosophie*. Mais cette vertu, cette philosophie, est-elle donc celle de tout le monde? est-il à désirer qu'elle le soit? Les pauvres ne mourraient-ils pas de faim, si les riches devenaient raisonnables? Figurez-vous que le monde en général pense philosophiquement et se con-

duit sagement : convenez du moins qu'a-
lors il serait diablement triste. Vive, au
contraire, la philosophie et la sagesse de
Salomon ! boire du bon vin, manger des
mets exquis, posséder de jolies femmes, dormir sur un lit doux... tout le reste est vanité.

MOI.

Quoi ! défendre sa patrie ?

LUI.

Vanité ! il n'y a plus de patrie. D'un pôle
à l'autre, je ne vois que des tyrans et des es-
claves.

MOI.

Être utile à ses amis ?

LUI.

Vanité ! a-t-on des amis ? Et si on en avait
et qu'on leur fût utile, on les changerait en
ingrats. Voyez que partout et toujours le
prix des services est l'ingratitude. La reconnaissance est un fardeau ; et l'on aime à se
débarrasser de tout fardeau.

MOI.

Avoir un emploi, et en remplir les devoirs?

LUI.

Vanité! qu'importe qu'on ait une place ou non, quand on est riche? On ne veut des places que pour le devenir : remplir ses devoirs! où cela peut-il conduire? A la jalousie, aux dégoûts, aux persécutions. Est-ce donc en faisant son devoir qu'on avance?— Faire bassement sa cour aux grands, chercher à deviner leurs goûts, flatter leurs caprices, servir leurs vices, les épouser même, applaudir à leurs injustices, voilà comment on fait son chemin.

MOI.

S'occuper de l'éducation de ses enfans?

LUI.

Vanité! c'est l'affaire du maître.

MOI.

Mais si le maître, d'après vos principes

mêmes, néglige ses devoirs, qui est-ce qui en est alors puni ?

LUI.

Pas moi, toujours !... peut-être un jour le mari de ma fille, ou la femme de mon fils.

MOI.

Mais s'ils se jettent dans le libertinage, dans le crime ?

LUI.

C'est de leur condition.

MOI.

S'ils se déshonorent ?

LUI.

Qu'on fasse tout ce qu'on voudra ! on ne se déshonore jamais quand on est riche.

MOI.

S'ils se ruinent ?

LUI.

Tant pis pour eux.

MOI.

Mais si vous ne vous inquiétez pas de la conduite de votre femme et de vos enfans, vous finirez par vous en ressentir vous-même dans vos affaires ; vous éprouverez des embarras.

LUI.

Pardonnez-moi : comme il est quelquefois difficile de trouver de l'argent, il est toujours prudent d'en mettre à part, et d'avoir en réserve une forte somme qui n'est que pour soi dans l'occasion.

MOI.

Et vous ne vous occuperez pas plus de votre femme que du reste ?

LUI.

Pas le moins du monde. Le meilleur plan à suivre avec sa chère moitié sera toujours de la laisser faire ce qui lui plaît.... Vous riez ? Ah ! si l'on se conduisait d'après vos principes, et que chacun ne s'occupât que de son devoir, cela ferait vraiment une société bien amusante !

MOI.

Plus que vous ne pensez. Je ne suis jamais si heureux le soir que quand j'ai bien rempli ma journée.

LUI.

Je vous en offre autant. Il ne s'agit que de s'entendre.

MOI.

Ce qui rend les gens du monde si difficiles à amuser, c'est leur paresse, leur désœuvrement.

LUI.

Ne croyez pas cela : ils se font beaucoup d'affaires.

MOI.

Comme ils ne se fatiguent jamais, ils ne peuvent jamais se délasser.

LUI.

Ne croyez pas cela : ils sont toujours hors d'haleine.

MOI.

Le plaisir est toujours une occupation pour eux, et jamais une nécessité.

LUI.

Tant mieux ! la nécessité est toujours pénible.

MOI.

Ils usent tout, et leurs sens, et leur âme aussi ; et l'ennui, dont ils ont tant de peur, devient leur maître et leur tyran. Qui leur ôterait un luxe de bien-être, un superflu de délices leur rendrait un service inappréciable, parce qu'ils ne connaissent que la partie du bonheur qui s'use le plus vite. Je ne méprise point les jouissances des sens ; j'ai aussi un gosier, qui est flatté du goût d'un mets délicat, ou de celui d'un vin exquis ; j'ai un cœur et des yeux, j'aime comme un autre à posséder une jolie femme, à l'embrasser, à presser mes lèvres sur les siennes, à puiser la volupté dans ses regards, à m'enivrer de plaisir dans ses bras; quelquefois il ne me déplaît pas de passer une soirée gaie, même un peu débauchée, avec des amis : mais croyez qu'il m'est infiniment plus doux d'avoir secouru un malheureux, d'avoir terminé une affaire épineuse, d'avoir donné un conseil utile, d'avoir lu un bon livre, de m'être promené ave un ancien ami, d'avoir fait la connaissance d'un homme estimable, d'avoir passé quelques heures à instruire mes enfans, d'avoir écrit à leur mère une grande page, remplie du détail de ces tendres soins, par lesquels je me suis mérité un baiser de sa part. — Je sais des actions qui m'inspirent tant d'enthousiasme que je donnerais tout ce que je possède pour les avoir faites. — Oui, j'envie plus à Voltaire ses belles actions que ses beaux vers. *Mahomet* est un sublime ouvrage; mais avoir vengé la mémoire de Calas, voilà ce qui est plus sublime encore! — Un homme que je connais, forcé de quitter la France;

avait cherché fortune à Cadix; c'était un cadet de famille, d'une province où toute la fortune tombe en partage à l'aîné. Là, il apprend que son frère, cet heureux aîné, mal élevé comme ils le sont tous, abusant de la faiblesse de ses père et mère, s'était fait donner tout le bien, de leur vivant, et les avait chassés sans pitié de leur château; que ses parens s'étaient retirés dans un village, où ils vivaient misérablement. Que fait le puîné, qui dans sa tendre jeunesse avait été traité durement par eux, et réduit à s'expatrier? il leur envoie des secours; se hâte de mettre ses affaires en ordre, revient riche dans son pays; prend chez lui ses père et mère; dote et marie bien ses sœurs. — Ah! cher Rameau! ce sont-là, n'en doutons pas, les plus heureux momens de sa vie. Depuis, il n'a pu jamais en parler que les larmes aux yeux. Moi-même, le cœur me bat et la voix me manque, tant je me sens ému, en vous le racontant, d'attendrissement et de plaisir.

LUI.

Vous êtes des gens bien extraordinaires.

MOI.

Vous êtes des gens bien à plaindre, si vous ne concevez pas qu'on peut élever son âme au-dessus de sa destinée, et qu'il est impossible qu'on soit malheureux sous la sauve-garde d'une belle action.

LUI.

Il y a une espèce de félicité avec laquelle je me réjouirais difficilement. — Vous croyez donc..... là..... sérieusement, qu'on doit être honnête homme ?

MOI.

Sûr, pour être heureux.

LUI.

En attendant, je vois beaucoup d'honnêtes gens qui ne sont point heureux, et beaucoup de gens qui sont heureux sans être honnêtes.

MOI.

Cela vous paraît ainsi.

LUI.

Et pourquoi mon souper me manque-t-il ce soir ? Parce que j'ai montré un moment de la raison et de la franchise.

MOI.

Du tout : mais parce que vous aviez pris l'habitude de n'en jamais montrer ; parce que vous n'aviez pas assez senti qu'il faut avant tout s'arranger de façon à se rendre indépendant de toute espèce d'esclavage.

LUI.

Indépendant ou non, ma manière d'être est au moins la plus commode.

MOI.

Pas la plus sûre, ni la plus honnête.

LUI.

Mais la plus convenable à mon caractère,

celui d'un batteur de pavé, d'un fou, d'un vaurien.

MOI.

A cela je n'ai rien à répondre.

LUI.

Et si je fais mieux mes affaires par des vices qui me sont naturels, que je sais sans apprentissage, que je possède sans casse-tête, qui s'accordent avec les mœurs de ma nation, qui sont du goût de mes protecteurs, plus en harmonie avec leurs petits et singuliers caprices ; qu'une vertu importune qui les accuserait du matin au soir, ne serait-il pas bien étrange à moi de me tourmenter comme une âme damnée pour me dénaturer, pour me faire autre que je ne suis, prendre un caractère d'emprunt, étudier les qualités les plus précieuses et dont je ne veux pas contester la valeur, mais que je ne pourrais acquérir et mettre en action qu'avec beaucoup de travail et de peine, et qui au bout du compte ne me mèneraient à rien du tout? Ces belles qualités, un gueux comme moi qui vit aux dépens des riches aurait bonne grâce à les afficher, à se faire leur prédicateur et leur satire vivante? on loue la vertu, mais on la hait, on la fuit, on la laisse geler : et dans ce monde il faut avoir les pieds chauds. En suivant vos leçons, j'aurais les plus mauvaises humeurs à essuyer. D'où vient que les dévots, les dévotes, sont si durs, si désagréables à vivre? ils ont pris à tâche de faire ce qui ne leur est pas naturel; ils souffrent; et quand on souffre on fait souffrir les autres; cela ne ferait pas mon affaire, ni celle de mes protecteurs. Il faut que je sois gai, sans gêne, taquin, fou, amusant. La vertu demande du respect, et le respect est incommode; la vertu commande l'admiration, et l'admiration n'est pas amusante. Mes gens trouvent le temps long; ils veulent rire : les extravagances, les farces vont au but; il faut donc que je sois un extravagant, un farceur; et si la nature ne m'avait pas créé tel ; je serais forcé de le contrefaire, et d'en jouer le rôle. Mais, par bonheur, je n'ai pas besoin d'être un hypocrite d'extravagance ; il y en a assez d'autres de toutes les couleurs, sans compter ceux qui cherchent à se tromper eux-mêmes.

Voyez le chevalier de la Morlière, toujours dans l'attitude d'un spadassin, le chapeau sur l'oreille, le nez en l'air, vous regardant par dessus l'épaule ; portant une épée d'une aune de long qui bat sur sa cuisse ; une sottise prête pour tout homme désarmé, comme s'il provoquait les passans en duel. Eh bien, que fait-il ? tout ce qu'il peut pour se persuader qu'il a vraiment du courage ; mais, dans le fond, ce n'est qu'un lâche. Donnez-lui une chiquenaude, il la recevra patiemment ; s'il baisse la voix, élevez la vôtre ; montrez-lui votre canne, ou donnez-lui un coup de pied dans le cul : il vous dira poliment : Monsieur, qui vous a poussé ? Surpris de se trouver si poltron, il vous demanderait volontiers : Qui vous a dit que je l'étais? car un instant auparavant, lui-même il n'en savait rien. A force de singer les hommes de cœur, il a fini par se figurer qu'il était du nombre ; il en avait si bien pris les manières qu'il croyait tenir la chose.

Et cette dévote, madame de Past...., qui se macère, qui visite les prisons, qui assiste à toutes les assemblées de dames de la charité, qui souvent même les préside, qui marche les yeux baissés, et sans regarder personne en face, toujours en garde contre la séduction de ses sens ; qu'y gagne-t-elle ? son cœur brûle-t-il moins pour cela? ne soupire-t-elle pas souvent? son tempérament ne se rallume-t-il jamais ? son imagination ne travaille-t-elle pas la nuit? ne l'environne-t-elle pas de tableaux d'amour et de rêves voluptueux ? Que pense sa femme de chambre, lorsqu'elle saute de son lit pour porter du secours à sa maîtresse qui crie comme une chatte en chaleur? « Oh ! bonne Justine, va te recoucher, ce n'est pas toi que j'appelais dans mon délire. » Allez, si jamais il venait dans la tête à l'ami Rameau de mépriser le plaisir, les femmes, la bonne chère, de *catoniser*, que serait-il ? un hypocrite. Que Rameau soit ce qu'il est! un gueux voleur parmi de riches voleurs : mais jamais un fanfaron de vertu, ni un sage un peu égoïste qui mange son pain tout seul sans en donner un morceau à ses dignes camarades. En un mot, vos jouissances de privation, le bonheur sans plaisirs de quelques songe-creux de votre espèce ne me tentent pas.

MOI.

Je vois, mon ami, que vous ne savez pas ce que c'est, et que vous n'êtes pas même en état d'apprendre à le connaître.

LUI.

Tant mieux pour moi, tant mieux ! je mourrais de faim, d'ennui, et peut-être de regret.

MOI.

Alors je vous conseille, une fois pour toutes, de retourner bien vite dans la maison d'où vous vous êtes fait chasser si maladroitement.

LUI.

Pour faire ce que vous ne blâmez pas dans le sens propre, et ce qui m'est à charge, même dans le sens figuré?

MOI.

Que vous êtes bizarre !

LUI.

Pas tant que vous le croyez. Je veux bien me jeter par la fenêtre; mais non qu'on m'y force; je veux bien descendre de ma dignité... Vous riez?

MOI.

Oui, votre dignité me fait rire.

LUI.

Chacun la sienne. Je veux oublier la

mienne selon mes caprices, et non selon ceux d'autrui. Je consens à marcher à quatre pates; mais non à ce qu'on me dise : Marche à quatre pates. Le ver de terre rampe, quand il suit son allure naturelle : mettez le pied sur lui, il se redressera. Nous marchons ou nous rampons, l'un comme l'autre, quand on nous laisse faire à volonté : mais nous nous cabrons quand on nous marche sur la queue. On m'a marché sur la queue, et je me suis cabré. Apprenez comment cela s'est fait, et nous verrons si vous me blâmerez encore. — Représentez-vous un original, taciturne, mélancolique, enveloppé à trois tours dans sa large robe de chambre, rongé de chagrin et d'ennui, qui se déplaît à lui-même, et à qui tout déplaît; qu'on ferait à peine rire, si on lui tortillait de toutes les façons possibles et le corps et l'âme; qui avec un sérieux imperturbable regarde les figures les plus comiques que je découpe, et entend les discours encore plus comiques que je leur prête. (Car, entre nous, le père

Noël, ce bénédictin si renommé comme farceur, dont les grimaces et les bouffonneries ont tant fait fortune, même à la cour, à côté de moi, ne paraîtrait qu'un polichinelle de bois.) Et malgré tout cela, pour faire rire mon homme, j'ai beau me tourmenter, et atteindre à des traits de génie des Petites-Maisons, je n'obtiens rien de lui. Rit-il? Ne rit-il pas? Voilà ce que je me demande à tous momens, au milieu de mes folies; et vous concevez combien une pareille inquiétude nuit au talent. A voir mon hypocondre, la tête enfoncée dans son bonnet de nuit qui lui couvre les yeux, vous diriez une pagode avec un fil au menton qui tomberait jusqu'au bas de son fauteuil. On attend que le fil soit tiré... Eh bien, non! il ne l'est pas, ou si par hasard la mâchoire s'ouvre, alors elle épelle un mot qui vous met au désespoir; un mot qui vous apprend qu'on n'a pas pris garde à vous, et que toutes vos singeries ont été perdues. Ce mot est une réponse à une question que vous lui avez faite il y a huit jours : il est prononce, et les muscles de la mâchoire se resserrent, et la bouche se ferme. (Disant cela, il imitait son homme, s'était placé sur sa chaise, la tête immobile, le chapeau enfoncé jusqu'aux sourcils, les yeux à demi fermés, les bras pendans, la mâchoire se mouvant comme celle d'un automate, et prononçait lentement :) Oui, mademoiselle, vous avez raison. — Non, mademoiselle, cela n'est pas ainsi. — Voilà comment il décide de tout, en dernier ressort, par monosyllabes, le matin, le soir, à sa toilette, au théâtre, à dîner, à souper, au lit, et, Dieu me pardonne, je crois même dans les bras de sa maîtresse : ces dernières décisions, il est vrai, je n'ai pas eu l'occasion de m'en assurer ; mais de toutes les autres, je suis diablement las. — Triste, sombre, tranchant comme le destin, voilà le patron (1). — En face de lui est une folle qui fait l'importante, qu'on pourrait appeler

---

(1) L'amant de mademoiselle Hus.

jolie, parce qu'elle l'est encore, quoique son visage soit couperosé, et que sa circonférence approche de celle de madame de *Bouvillon*. — J'aime la belle chair, mais trop est trop, et le mouvement est si essentiel à la matière! *Item*, elle est plus méchante, plus présomptueuse, plus bête qu'une oie. *Item*, elle veut avoir de l'esprit. *Item*, il faut lui assurer qu'on est persuadé qu'elle en a plus que personne. *Item*, cela ne sait rien, et cela veut parler de tout. *Item*, il faut applaudir ses oracles en battant des mains, en trépignant des pieds, se lever par sauts et par bonds, avoir des transports de satisfaction et d'admiration. — Ah! que cela est joli, délicat, bien dit, subtilement vu, parfaitement exprimé! Où les femmes prennent-elles tout cela? Sans étude, sans autre guide que le sentiment, l'inspiration de la nature. Véritablement cela est miraculeux! et qu'on nous dise encore que l'expérience, l'étude, la réflexion, l'éducation, servent à quelque chose! — Et mille autres fadaises pareilles qu'il faut débiter à tout propos, pleurer de joie, faire cent courbettes, par jour, fléchir un genou, traîner l'autre pied respectueusement après le premier; tendre ses bras vers la déité, chercher ses désirs dans ses yeux, dépendre de ses lèvres, attendre un signe, obéir à un coup d'œil. Qui voudrait se soumettre à jouer un tel rôle, si ce n'est le misérable qui deux ou trois fois par semaine est en guerre ouverte avec ses entrailles, et ne peut espérer de faire la paix qu'à ce prix? Mais que penser d'autres gens, comme Palissot, Fréron, Poinsinet, Bacu-lard, qui ne sont pas réduits à cette extré-mité, et dont les bassesses ne peuvent s'excu-ser par les *grouillemens*, les hoquets d'un estomac vide et souffrant?

MOI.

Je ne vous aurais pas cru si délicat.

LUI.

Je ne le suis pas non plus. Dans le com-mencement j'ai observé comment faisaient les autres, et j'ai fait comme eux, même mieux qu'eux : car je suis plus impudent, meilleur comédien, plus affamé, pourvu de mensonges plus croyables, doué de poumons plus infatigables. Probablement je descends en ligne directe du fameux Stentor.

(Pour me donner une idée de la force de ses poumons, il se mit à tousser d'une telle force que les glaces du café tremblèrent, et que les joueurs d'échecs détournèrent un moment leur attention du jeu.)

MOI.

Mais à quoi bon ce talent?

LUI.

Vous ne devinez pas?

MOI.

Je ne devine jamais.

LUI.

Laissez entamer une discussion; que la victoire soit incertaine, je me lève, je fais rouler mon tonnerre, et dis : « Les choses sont exactement comme mademoiselle le prétend. Son idée est aussi juste que son expression est heureuse. Il ne peut pas y avoir deux avis là-dessus. Voilà ce qui s'appelle juger ! L'académie, tous nos beaux esprits ensemble ne jugeraient pas mieux. » Mais il ne faut pas prodiguer ces approbations outrées, on perdrait l'effet de l'adulation ; on tomberait dans une monotonie de bassesse. C'est un écueil qui ne s'évite qu'avec beaucoup d'adresse et de dextérité ; il faut préparer, placer à propos ces tons décisifs et impérieux, saisir l'instant, par exemple quand les opinions sont partagées, les esprits échauffés, la dispute au dernier degré de véhémence ; quand on ne s'entend plus, quand tous parlent ensemble ; il faut alors surtout se tenir dans un coin de la chambre un peu éloigné du champ de bataille ; avoir fait précéder l'explosion d'un long silence, et tout à coup tomber, éclater comme une bombe au milieu des combattans. Personne n'entend cet art mieux que moi. Mais où je brille, c'est dans l'altercation : j'ai de petits tons que j'accompagne d'un sourire. Je possède une quantité prodigieuse de mines à succès. Tantôt je fais agir le nez, tantôt la bouche, le front, les yeux. J'ai une agilité dans les reins, une manière de plier l'épine du dos, de lever et de baisser les épaules, de faire craquer les doigts, d'incliner la tête, de fermer les yeux, et surtout, de paraître étonné, émerveillé, extasié, comme si tout à coup du haut du ciel ouvert j'entendais une voix surnaturelle et divine. Voilà ce qui flatte ! Je ne sais si vous comprenez bien l'effet de cette dernière attitude. Voyez seulement.... voyez...

MOI.

C'est vrai, voilà des grimaces d'un effet prodigieux.

LUI.

Croyez-vous qu'il y ait une cervelle de femme vaine et frivole, comme elles sont toutes, qui puisse y résister ?

MOI.

Non, il faut l'avouer; vous avez reculé les limites du possible dans l'art de faire le fou, et dans celui de mettre tout votre esprit à vous dégrader vous-même.

LUI.

Pensez-vous me l'apprendre? Ils ont beau faire, morbleu, tous tant qu'ils sont, ils ne m'atteindront pas. Palissot lui-même, le plus fort d'entre eux, ne sera jamais, auprès de moi, qu'un misérable écolier. Mais si le rôle que nous jouons nous divertit dans le commencement, si l'on trouve du plaisir à étonner des sots, à conquérir les suffrages de gens qu'on méprise, à se moquer d'eux autant qu'ils vous admirent, à la fin ce plaisir s'émousse, on s'amuse moins de son rôle : alors, bon gré malgré, on amuse moins son public, et après un certain nombre de découvertes en bouffonneries et en intrigues, la source est tarie, on est à sec.

L'esprit et l'art ont leurs bornes ; il n'y a que Dieu, et quelques esprits rares et sublimes, pour qui la route s'élargisse en avançant. *Bouret*, sans doute, est du nombre. Je sais de lui des traits, mais des traits qui m'en ont donné la plus haute opinion : le petit chien, le livre de la félicité, et les flambeaux sur la route de Versailles, sont de ces choses qui me confondent, qui, à force de me surpasser, m'humilient, et me dégoûtent de mon métier.

MOI.

Que voulez-vous dire avec votre petit chien ?

LUI.

Quoi ! sérieusement ! vous ignorez comment cet homme habile a fait ses premiers pas dans la carrière, et s'est ouvert le chemin de la fortune, en détachant de lui un petit chien, en l'attachant au garde des sceaux de France, qui en avait envie ?

MOI.

Je n'en savais rien.

LUI.

D'où venez-vous donc? C'est une des choses les plus ingénieuses qu'on puisse jamais inventer. La France et l'Europe l'ont célébrée. Tous les intrigans, tous les bas valets, et toute la cour, en un mot, en ont été pétrifiés d'admiration et de jalousie. Vous qui avez de l'imagination, exercez-la, voyons un peu ce que vous auriez fait à sa place! Réfléchissez que Bouret était fort aimé de son chien; réfléchissez que la simarre, et tout l'étrange accoutrement d'un chancelier effrayait le petit animal; réfléchissez qu'il n'avait que huit jours pour vaincre tant de difficultés.... Il faut bien connaître toutes les conditions du problème pour admirer le mérite de celui qui l'a résolu... Eh bien ! voyons.

MOI.

Tenez, je vous avoue qu'en ce genre les

choses les plus simples m'embrouillent la tête.

LUI.

Écoutez (reprit-il en me donnant un petit coup sur l'épaule, car il est comédien jusqu'au bout des doigts, et avec lui le jeu muet accompagne toujours les paroles); écoutez et admirez! Bouret se fit faire un masque qui ressemblait comme deux gouttes d'eau à la figure du garde des sceaux; il emprunta du valet de chambre du ministre une de ses grandes robes à mille plis; il met le masque et la simarre, appelle son chien qui n'avait point assisté à sa toilette, le caresse, et lui donne un biscuit : ensuite il change de costume sans être encore aperçu du chien; il rentre; il n'est plus le garde des sceaux, il n'est que Bouret : il gronde son chien et le roue de coups. Il ne fallut que deux ou trois jours d'un pareil exercice pour apprendre au chien à se plaire avec Bouret le garde des sceaux et le donneur de biscuits, et à s'enfuir devant Bouret le donneur d'étrivières. Avant la fin de la semaine, le chien est offert au ministre, et en le voyant s'élance sur ses genoux pour le caresser... et Bouret a été nommé fermier général. Mais je suis trop bon : de pareilles choses se passent sous vos yeux, et vous les ignorez ! Vous ne méritez pas de les apprendre.

MOI.

Cependant, je vous prierai de me raconter encore l'histoire du livre, et celle des flambeaux de Versailles.

LUI.

Non, non ; adressez-vous aux pavés des rues, qui les savent et vous les diront; profitez mieux de l'instant qui nous réunit, pour apprendre des choses que personne ne sait que moi.

MOI.

Vous avez raison.

LUI.

Emprunter la robe et là perruque du garde des sceaux! (J'avais oublié la perruque.) Se faire faire un masque qui lui ressemblait! c'est surtout le masque qui me tourne la tête. Aussi cet homme possède maintenant des millions, et jouit d'une considération universelle. Il y a des chevaliers de Saint-Louis qui manquent de pain. Les imbéciles! de quoi s'avisent-ils d'aller se faire estropier à la guerre, de courir, au risque de perdre bras et jambes, après une croix? Que n'imitent-ils Bouret? que ne se font-ils intrigans de cour? que ne prennent-ils un état toujours sans danger, et jamais sans récompense? Voilà ce qui s'appelle s'occuper de grandes choses! Il est vrai qu'en se comparant à un semblable modèle, on se sent trop au-dessous de lui, on est découragé, mécontent de soi-même. Le masque! le masque! je donnerais un de mes doigts pour l'avoir imaginé.

MOI.

Mais avec cet enthousiasme pour les belles inventions, avec cette fertilité d'esprit, n'avez-vous donc rien inventé?

LUI.

Si fait! pardonnez-moi. Par exemple cette position du dos; cette manière de ricaner que je vous ai fait admirer tout à l'heure, que vous avez trouvée vous-même unique, impayable pour se moquer des gens, je la regarde comme à moi; et si quelques-uns de mes rivaux osaient la copier, je dirais qu'ils me l'ont volée, et que c'est de leur part un plagiat de grimace et d'attitude. Mais il y a bien d'autres inventions dont je puis revendiquer l'honneur; j'ai plus de cent moyens ingénieux pour dire tout ce que je veux à une jeune fille, sans que sa mère, qui est à côté d'elle, s'en aperçoive. Quelquefois, loin que la mère me nuise, c'est d'elle-même que je me sers: à peine étais-je lancé dans la carrière, que je méprisais déjà les manières communes de glisser un billet doux. J'ai plus de dix moyens de me les faire arracher; la plupart de ces moyens sont entièrement neufs. Je possède surtout, j'ose m'en flatter, le talent de mettre des jeunes gens timides en train. Oui, j'en ai mis en train qui n'avaient ni esprit, ni tournure; je suis sûr que si tout ce que j'ai fait de beau était écrit, on serait forcé de m'accorder du génie.

MOI.

Vous passeriez pour un homme extraordinaire.

LUI.

Je n'en doute pas.

MOI.

Écrivez-le vous-même : ce serait dommage que tant de belles choses fussent perdues.

LUI.

Excellent conseil !... dont peut-être je ne profiterai guère. Vous n'imaginez pas combien les conseils et les leçons me servent peu : et mes leçons ne serviraient pas davantage à d'autres. Qui a besoin de conseils ne va jamais loin. Les hommes de génie lisent peu, très-peu, font beaucoup, et se forment d'eux-mêmes. Rappelez-vous ce qu'ont été César, Turenne, Vauban, la marquise de Tencin, son frère le cardinal, et son secrétaire l'abbé Trublet, et Bouret ? Qui a donné des leçons à Bouret ? Croyez-vous qu'il ait trouvé dans un livre l'histoire du masque et du chien ? Non, non ; la nature forme seule les hommes extraordinaires.

MOI.

Vous pourriez toujours, pour l'instruction de la postérité, écrire vos mémoires à vos heures perdues, quand les mouvemens nerveux de votre estomac vide, ou quand la plénitude de votre estomac trop tendu, vous empêchent de dormir.

LUI.

J'y penserai. Il vaut mieux écrire de grandes choses que d'en faire de petites. En occupant sa pensée de ces nobles souvenirs, l'imagination s'enflamme, l'âme s'élève, au lieu qu'elle se rétrécit, se rapetisse quand on se trouve en présence de la petite Hus, et qu'on est forcé dix fois par quart d'heure d'admirer la profonde bêtise du public, qui s'est mis dans la tête d'applaudir à tout rompre elle et la Dangeville, ces singes coiffés, parés, lacés, pincés, glacés, passés, la dernière surtout qui joue d'une manière si plate, qui regarde toujours dans les yeux de celui qui se trouve en scène avec elle; qui prend ses grimaces pour de la finesse, son trépignement de pieds pour de la grâce; d'admirer, dis-je, la bêtise du public qui applaudit avec la même frénésie la monotone, l'étudiée, la décharnée, la bourrée de laine Clairon. Le public n'y prend pas garde et va toujours son train; rien ne lui prouve que nous sommes un *puits* de tendresse (1); le puits se remplit tous les jours;

---

(1) Il s'agit sans doute de mademoiselle Hus.

mais peu importe : n'avons-nous pas la plus belle peau, les plus beaux yeux, le plus beau bec ? point d'expression il est vrai, une démarche qui n'est pas légère ; cependant pas aussi gauche qu'on le prétend. Mais pour ce qui regarde les sensations, il n'y en a point qui nous soient inconnues, et pour lesquelles nous leur céderions le pas.

MOI.

Qu'est-ce que tout cela signifie ? ce que vous dites est-il sérieux ? est-il ironique ?

LUI.

Le malheur est que les diablesses de sensations restent toutes en dedans, et qu'aucune fumée même n'en transpire au dehors. Si nous n'exprimons rien, ce n'est pas faute de tout éprouver.... Quant à la colère, à l'emportement, ces passions-là nous les connaissons aussi, j'en réponds. Il faut voir, quand nous sommes de mauvaise humeur, comme nous traitons nos valets, comme nous souffletons nos femmes, de chambre, comme nous détachons les coups de pieds dans le derrière aux insolens qui s'écartent du respect qui nous est dû.... Allez, allez, quoiqu'il n'y paraisse pas, nous sommes emportée, nous sommes tendre, nous avons des sentimens et des sensations de tout genre.... Eh bien ! qu'en dites-vous? vous ne savez plus où vous en êtes, n'est-il pas vrai?

MOI.

Je vous avoue que quand vous parlez ainsi de vous et des autres, je ne sais si c'est franchise cynique ou satire amère. Parlez-moi plus ouvertement. Laissez vos mots ambigus et vos phrases à double entente de côté.

LUI.

Eh bien ! nous parlons de la petite Hus, de la Dangeville et de la Clairon, et nous entremêlons le discours de mots équivoques que vous entendrez comme vous voudrez. Prenez-moi pour un impudent, peu m'importe, pourvu que vous ne me preniez pas pour une bête; quoiqu'une bête ou un homme d'esprit un peu impudent puissent s'amuser des mêmes drôleries.

MOI.

Comment a-t-on le front d'en parler à autrui?

LUI.

Cela ne se fait pas de prime abord; mais peu à peu on en vient là. *Ingenii largitor venter*.

MOI.

Mais pour cela il faut avoir une faim démesurée.

LUI.

C'est possible; en attendant, ceux dont je vous parle ne sont pas plus étonnés d'entendre de pareilles choses que nous de les faire ou de les dire.

MOI.

Y en aurait-il un seul qui se permettrait....

LUI.

Un seul? tous; toute l'honorable société....

MOI.

Elle est donc composée de grands vauriens ou de grands imbéciles.

LUI.

D'imbéciles? je vous certifie qu'il n'y en a qu'un seul parmi nous, et c'est justement celui qui nous régale dans l'intention de s'amuser de nous, et de nous amuser de lui.

MOI.

Comment peut-on s'avilir soi-même à plaisir? Quand vous dénigrez la Clairon et la Dangeville, vous savez vous-même que leurs talens sont incontestables et reconnus de tout le monde; quand vous flagornez leur rivale à leurs dépens, la croyez-vous assez dupe....

LUI.

Assez dupe! vous plaisantez. On avale à

pleine gorge et tout d'une haleine le mensonge qui nous flatte, tandis qu'on hume, malgré soi, goutte à goutte, et en faisant la grimace, la vérité qui nous est amère. D'ailleurs, je sais m'y prendre pour flatter ; je suis bon comédien, moi, je suis habile en mon art, je sais jouer la sincérité avec une si savante fourberie ! j'affecte une admiration si vraie !

MOI.

Il faut pourtant que vous ayez agi une fois contre les principes de votre art. Il faut qu'il vous soit échappé par mégarde quelques vérités amères de l'espèce de celles qui offensent. C'est à tort que vous avez tant de prétentions à la dissimulation ou à l'extravagance. Malgré votre rôle si misérable et si vil, le fond de votre pensée se fait jour au dehors et votre âme transparente laisse percer la raison. Vous avez plus de naturel, et vous valez mieux que vous ne croyez.

LUI.

Que le diable m'emporte si je sais dans le fond ce que je suis. J'ai l'esprit rond comme une boule, le caractère uni comme un gazon, jamais faux quand il m'est utile d'être sincère, jamais sincère quand il m'est utile d'être faux. Je dis les choses comme elles me viennent : si elles sont spirituelles, tant mieux ; si elles sont extravagantes, on n'y prend pas garde. Je vais toujours tout droit devant moi ; je n'ai jamais de ma vie pensé, ni avant de parler, ni en parlant, ni après avoir parlé. Aussi personne ne s'offense de mes paroles.

MOI.

Et pourtant ce qui vous est arrivé avec ces braves gens en question, chez qui vous viviez, et qui avaient tant de bontés pour vous ? J'en reviens toujours là.

LUI.

Que voulez-vous ? c'était un de ces momens

de distraction, d'absence, de maladresse involontaires comme il y en a dans la vie. Aucun bonheur, ni aucun malheur ne sont durables, parce que rien ne l'est que *l'instabilité*. J'étais trop heureux! cela ne pouvait pas durer. Nous avions là, comme vous savez, la société la plus nombreuse et la mieux choisie. C'est une école d'humanité, un renouvellement de l'ancienne hospitalité. Tous les poëtes qui tombent, nous les ramassons. Nous avions Palissot après la chute de sa *Zarès*, Bret, après son *Faux Généreux*, tous les écrivains qu'on ne lit pas, tous les musiciens décriés, tous les acteurs et actrices sifflés, grand nombre de gueux insolens et de bas flatteurs à la tête desquels j'ai l'honneur d'être et de figurer, comme chef hardi d'une troupe timide. La première fois qu'ils arrivent parmi nous, je sais les mettre en train; je demande à boire pour eux. S'ils prennent par trop peu de place à table, je sais les mettre à leur aise; des jeunes gens en loques qui ne savent où aller, mais qui ont de la figure : d'autres vauriens qui caressent le vieux patron, pour l'endormir, et pour jouir après de la patronne. — Nous paraissons gais ; mais dans le fond nous sommes tous de fort mauvaise humeur et d'une faim dévorante. Des loups ne sont pas plus affamés ; des tigres pas plus cruels. Nous dévorons comme des loups, quand la terre a été long-temps couverte de neige ; nous déchirons comme des tigres tout ce qui est heureux, tout ce qui excite notre envie. Quelquefois *Bertin*, *Mésenge* et *Villemorin* viennent se joindre à nous, et c'est alors qu'il se fait un furieux tapage dans la ménagerie. Jamais on ne vit tant d'animaux tristes, venimeux, malfaisans et enragés réunis. Là on n'entend que les noms de Buffon, de Duclos, de Montesquieu, de Rousseau, de Voltaire, de d'Alembert, de Diderot. Et Dieu sait de quelles épithètes ils y sont accompagnés ! Personne n'a d'esprit pour nous s'il n'est aussi impudent que nous. Voilà en abrégé le plan du théâtre dont nous faisons les pièces et dont nous sommes les interlocuteurs. Les philosophes y sont souvent joués, je vous en avertis. Pour ma part, c'est moi qui ai fourni la scène de *l'Escamoteur*, ainsi que *la Théologie de Roch*; et vous n'y êtes pas plus ménagé qu'un autre.

MOI.

Tant mieux ! peut-être me fait-on plus d'honneur que je n'en mérite. Mais je serais bien humilié, si en disant du mal de tant d'hommes éclairés et vertueux, la fantaisie vous prenait de dire du bien de moi.

LUI.

Nous sommes beaucoup, et chacun est obligé de payer son écot, et d'immoler sa victime : quand les grandes bêtes ont été sacrifiées, vient le tour des petites.

MOI.

Attaquer la science et la vertu pour vivre, c'est du pain trop cher.

LUI.

Je vous l'ai déja dit; nous sommes sans conséquence; nous étrillons tout le monde et ne blessons personne. Quelquefois il se trouve avec nous le lourd abbé d'*Olivet*, le gras abbé *Leblanc*, et l'hypocrite *Lebatteux*. Le gros abbé n'est méchant qu'avant dîner. Après le café, il se jette dans un fauteuil, les pieds appuyés sur le garde-feu de la cheminée, là il s'endort comme un vieux perroquet sur son bâton. Mais si le bruit de la dispute devient par trop fort, alors il bâille, étend les bras, se frotte les yeux, et dit : « Eh bien, eh bien, qu'est-ce qu'il y a ? — On demande si Piron a plus d'esprit que Voltaire. — Entendons-nous, c'est d'esprit dont il est question; ce n'est pas de goût : car Piron n'en a pas le moins du monde, pas le moins du monde! — Eh non ! nous le savons bien..... » — Et alors une discussion s'engage sur le goût; et l'abbé s'endort de nouveau. — Le patron fait un signe avec la main, pour annoncer qu'il va parler, qu'il veut qu'on l'écoute; car il croit surtout avoir des connaissances particulières en fait de goût. « Le goût, dit-il..... le goût est une chose..... une chose..... » — Je ne me souviens plus quelle chose il dit que c'était. Tout ce dont je me souviens, c'est qu'il ne le savait pas lui-même.

Quelquefois nous avons l'abbé Robbé, qui nous sert à table un plat de ses contes cyniques, ou nous fait le récit de quelques miracles des convulsionnaires, dont lui-même a été témoin oculaire; quelquefois il nous régale d'un chant de poëme sur une matière qu'il peut traiter à fond, car il la *possède* bien (1). Je hais ses vers, mais j'aime à l'entendre lire, parce qu'il est maître passé dans cet art difficile. Quand il lit, il a l'air d'un possédé, et tous les autres crient autour de lui : « Voilà ce qui s'appelle un

---

(1) Voyez la note de la page 41, où il est fait mention de son poëme sur la....

poëte ! » Une pareille poésie n'est autre chose qu'un charivari, un mélange désordonné de sons barbares et rocailleux, aussi durs que confus, comme la construction de la tour de *Babylone*.

Là nous vient aussi quelquefois un *pintrichon*, qui, avec la mine la plus plate et la plus sotte, a de l'esprit comme un diable, et qui est malin comme un vieux singe. C'est une de ces figures qui appellent les railleries et les camouflets ; mais que Dieu a créées exprès pour confondre ceux qui jugent les hommes d'après les apparences extérieures, et auxquels l'expérience aurait dû apprendre qu'il n'est pas plus rare d'être un sot avec l'air et le ton d'un homme d'esprit, qu'homme d'esprit avec la physionomie d'une bête. — Quand il se trouve là par hasard quelque bonne âme, la persiffler, la mystifier, se jouer de sa crédulité ou de sa franchise, cela est infâme, mais nous n'y manquons jamais. C'est une trappe que nous leur tendons, et je n'en ai vu aucun qui n'y donnât les pieds joints. Les nouveau-venus, qui ne connaissent pas le terrain, avec leur gaucherie et leur air entrepris, sont encore une excellente pâture pour nous. — Quant au peintre en question, j'admire souvent la justesse des observations de ce fou sur le caractère des hommes ; et je ne puis m'empêcher de lui en faire l'aveu.... « De la mauvaise compagnie, me disait-il un jour, on peut faire son profit comme du libertinage. Ici, nous sommes dédommagés par la perte des préjugés de la perte de l'innocence. Dans la société des méchans, où le vice se montre sans masque, on apprend à les connaître. » — Vous avez raison, lui dis-je ; mais ce sont des études dont je n'ai plus besoin : j'ai un peu lu !

MOI.

Qu'avez-vous lu ?

LUI.

J'ai lu et je relis sans cesse Théophraste, Labruyère et Molière.

MOI.

Ce sont d'excellens auteurs.

LUI.

Bien meilleurs encore qu'on ne pense ; mais qui sait profiter de leur lecture ?

MOI.

Chacun selon la portée de son esprit.

LUI.

Presque personne. Sauriez-vous me dire ce qu'on y cherche ?

MOI.

Amusement et instruction.

LUI.

Mais quelle instruction ? car c'est là ce qu'il importe de savoir.

MOI.

La connaissance de ses devoirs, l'amour de la vertu, la haine du vice.

LUI.

Quant à moi, j'y apprends tout ce qu'on doit faire, et tout ce qu'on ne doit pas dire : et quand je lis l'avare, je me dis à moi-même : sois avare si tu veux ; mais prends-garde de ne point parler comme un avare. Quand je lis le Tartuffe je me dis : sois hypocrite, si tu veux, mais ne parle jamais comme un hypocrite. Retiens-les traits du vice, qui peuvent te servir, mais garde-toi du ton, des manifestations extérieures, qui te trahiraient, et te rendraient ridicule. Pour te garder de ce ton, de ces manifestations, il faut les connaître : eh bien ! ces auteurs te les ont peints d'une manière admirable. Je reste ce que je suis, mais je parle et j'agis comme il convient. Je ne suis pas de ceux qui méprisent les moralistes. Il y a beaucoup à apprendre avec ces auteurs, surtout avec ceux qui ont mis la morale en action. Le vice ne choque les hommes que de temps en temps ; le caractère vicieux les choque du matin au soir; et sans doute il vaut mieux être plein d'égoïsme, de dureté, de présomption, que de le paraître. L'homme orgueilleux au fond ne blesse que par moment, l'orgueilleux *en dehors* blesse toujours. Au reste, ne vous figurez pas que je sois le seul lecteur qui profite de ses livres de cette façon-là : je n'ai d'autre mérite que de m'être bien rendu compte de leur effet sur moi et de faire systématiquement, ce que d'autres font par instinct et avec irréflexion; il en résulte que j'ai sur eux un immense avantage. En lisant comme moi, ils ne deviennent pas meilleurs que moi ; mais de plus et contre leur intention ils demeurent toujours ridicules, au lieu que je ne le suis que quand je veux l'être : et alors, je les laisse à grande distance derrière moi. Car le même art qui m'apprend à éviter le ridicule dans certains momens, m'enseigne dans d'autres circonstances à le saisir habilement. Dans ce cas, je me souviens de tout ce que j'ai lu, de tout ce que j'ai vu; j'ajoute encore tout ce qui croît sur mon terrain, qui, en ce genre, produit des fruits étonnans.

MOI.

Vous avez bien fait de m'éclaircir ces mystères; sans cela, j'aurais pensé que vous étiez en contradiction avec vous-même.

LUI.

Je ne me contredis point; car pour une occasion où l'on a besoin d'éviter le ridicule, il y en a heureusement cent où l'on a besoin de s'en donner. Il n'y a pas de meilleur rôle auprès des grands que le rôle de fou. Long-temps il y a eu un fou en titre du roi : jamais personne n'a porté ni ne portera celui de *sage du roi*. Je suis le fou de *Bertin* et de beaucoup d'autres, peut-être le vôtre en ce moment. Peut-être aussi êtes-vous le mien. Qui serait vraiment sage, n'aurait pas de fou; qui a un fou n'est pas sage; ou plutôt il est fou lui-même. Et peut-être le roi est-il le fou de son fou. Au reste, pensez que dans une matière aussi changeante que les mœurs; rien n'est absolument, essentiellement et généralement vrai ni faux; hormis qu'il faut qu'on ait ce que ses besoins exigent, et qu'on fasse toujours ce que son intérêt commande, bon ou méchant, sage ou fou, considéré ou ridicule, estimable ou vicieux. Si par hasard la vertu avait conduit à la fortune, j'aurais été vertueux, ou j'aurais feint la vertu comme un autre. On a voulu m'avoir ridicule; pour l'être je n'ai pris aucune peine; et si je suis vicieux, la nature seule en a fait les frais. Quand je dis vicieux, je répète vos paroles; car si je voulais les discuter, il serait très-possible que vous appelleriez vice ce que j'appelle vertu; et ce que vous appelez vertu, je l'appellerais vice..... — A propos de vices, revenons à nos gens. Nous recevions aussi les auteurs de l'Opéra-Comique, les chanteurs, les chanteuses; mais plus fréquemment les directeurs *Corbié* et *Motté* qui sont des hommes profonds et d'un génie extraordinaire.

Ah! j'oubliais les grands critiques de la littérature : l'Avant-coureur, les Petites-Affiches, l'Année littéraire, l'Observateur littéraire, le Censeur hebdomadaire, tous les gueux de cette espèce.....

MOI.

L'Année littéraire! l'Observateur littéraire! cela n'est pas possible : il serait honteux.....

LUI.

Rien n'est plus vrai : tous les gueux se réconcilient autour de la soupière de bois. Le maudit Observateur littéraire! que le diable emporte lui et ses feuilles! c'est ce chien, ce petit calotin avare, ce puant usurier, qui est cause de mon malheur. Hier, il parut pour la première fois sur notre horizon, à l'heure qui nous fait sortir tous de nos trous, à l'heure du dîner. Heureux, quand il fait mauvais temps, cent fois heureux celui d'entre nous qui a une pièce de vingt-quatre sous dans sa poche pour payer son fiacre ! Alors on fait le fier, on se moque du confrère qui arrive crotté jusqu'au dos et trempé jusqu'aux os, ce qui pourtant ne l'empêche pas de regagner le soir son taudis avec ses jambes, tout comme l'autre avec les jambes de ses rosses. Il y a quelques mois qu'un de nos commensaux eut une scène effroyable avec le Savoyard, commissionnaire à notre porte. Ils étaient en compte ensemble ; le créancier voulait être payé ; le débiteur était sans le sou, et cependant il ne pouvait monter sans passer par ses griffes, et ce ne fut que par un coup de la Providence qu'il s'en tira sain et sauf !

Hier donc, l'abbé en question fut invité à dîner, et comme nouveau-venu, on le fit mettre à la place d'honneur, au plus haut bout de la table. J'entre, je l'aperçois et m'écrie : « Comment, l'abbé, vous nous présidez ? C'est bon pour aujourd'hui ; mais demain, s'il vous plaît, vous descendrez d'une assiette ; et ainsi toujours d'assiette en assiette, jusqu'à ce que vous soyez redescendu et stationné auprès de moi, plat gueux comme vous, ainsi que l'ont fait *Fréron* après moi, *Dorat* après *Fréron*, *Palissot* après *Dorat*, *Che siedo sempre come un maestoso c— o fra duoi c— i*...

L'abbé, bon diable, qui prend bien tout ce qu'on dit, et qui sait vivre, en rit ; mademoiselle, intimement convaincue de la vérité de mon observation et de la justesse de ma comparaison, riait aussi ; tous ceux qui étaient placés à la droite et à la gauche de l'abbé, et qu'il avait poussés d'un échelon plus bas, riaient aux larmes ; tout le monde riait, excepté le patron qui s'avisa de se fâcher, et me fit une verte réprimande, laquelle n'aurait eu pourtant aucune suite sérieuse, si nous avions été seuls. — Rameau, vous êtes un impertinent polisson. — Vous le savez bien, car c'est à cette condition que vous m'avez reçu. — Un gueux. — Comme un autre. — Un *meurt-de-faim*.

— Serais-je ici sans cela ? — Je m'en vais vous faire jeter dehors. — N'en prenez pas la peine ; après dîner, je m'en irai très-bien tout seul.... On dînait et je n'en perdais pas un coup de dent. Après que j'eus bien mangé et noblement bu (car, dans le fond, il n'en eût été ni plus ni moins : *messer gaster* est une personne avec qui je me fais le moins d'affaires qu'il m'est possible), je pris ma résolution et me préparai au départ. Ayant lâché le mot et engagé ma promesse devant tout le monde, j'étais forcé de la tenir. Je ne laissais pas que de prendre beaucoup de temps, pour chercher dans la chambre d'un côté et d'un autre ma canne et mon chapeau, et je les cherchais justement où je savais qu'ils n'étaient point. Je pensais que le patron allait recommencer ses injures ; que quelqu'un se mêlerait de la querelle comme médiateur, et qu'à force de nous disputer, nous finirions par nous raccommoder. Je me tournais çà et là, sans me presser beaucoup, car la colère ne m'enflammait pas le sang : j'avais le dîner dans l'estomac, mais je n'avais rien sur le cœur. Mais le patron, d'un air plus sinistre et plus noir qu'Apollon, dans Homère, lorsqu'il lance sa flèche sur le camp des Grecs, le bonnet de nuit une fois plus renfoncé qu'à l'ordinaire, se promenait en long et en large dans la chambre, le poing sous le menton. Mademoiselle s'approcha de moi. — Eh bien ! mademoiselle, qu'y a-t-il donc d'extraordinaire? Suis-je différent aujourd'hui de ce que je suis tous les jours? — On veut que vous partiez. — Je veux bien partir ; mais je n'ai pas offensé le patron ? — Si fait : on a invité M. l'abbé, et.... — Le patron a eu tort de recevoir l'abbé comme de me recevoir, et de recevoir tant de jolis sujets de notre espèce. — Allons, petit Rameau, vous devez des excuses à M. l'abbé. — Des excuses ! à quel propos ? » — Elle me prend par la main et me traîne plutôt qu'elle ne me conduit vers le fauteuil de l'abbé. — « Abbé, dis-je, tout cela est bien ridicule, n'est-il pas vrai ? » — Alors je me mis à rire, et lui aussi. Pardonné d'un côté, je cherchai à l'être de l'autre ; et ce que j'avais à dire était plus embarrassant. Je ne me rappelle plus comment je tournai mon excuse : — « Monsieur, voilà le fou.... — Déjà depuis trop long-temps il m'est à charge ; je n'en veux plus entendre parler. — On est donc bien en colère ! — Oui, très en colère. — Cela n'arrivera plus. — Au premier j... f.... — » Je ne sais si le patron était ce jour-là dans un de ses noirs accès d'humeur où mademoiselle elle-même ne peut le toucher qu'avec des pates de velours, ou s'il n'avait pas bien compris ce que je disais, ou si je n'avais pas bien dit ce qu'il fallait.... Ce qui est certain c'est qu'il était pis qu'auparavant : « Mais, que diable ! ne me connaissez-vous donc pas ? Ne savez-vous pas que je suis comme un enfant, et qu'il y a des momens où je laisse couler tout sous moi ; et, Dieu me pardonne ! ne puis-je avoir au moins la permission d'une inconséquence? Une poupée mécanique en acier, on parviendrait à l'user, si on la tirait du matin au soir par son fil... C'est mon cas : mon fil s'est cassé. Eh bien ! on le raccommodera.... Je suis obligé de vous faire passer le temps par mes bouffonneries ; ce sont nos conditions : mais je me dois à mon tour, par-ci par-là, une bouffonnerie pour moi-même. » — Au milieu de cette belle oraison, une pensée hardie, insolente, malencontreuse, me vint dans la tête, et de là sur la langue ; ce fut celle de leur dire nettement et tout haut qu'on ne pouvait se passer de moi, que j'étais pour eux un homme nécessaire, indispensable.

MOI.

Oui, je pense que vous leur êtes très-utile, mais qu'ils vous le sont encore davantage : vous ne retrouverez pas quand vous voudrez une aussi bonne maison. Mais eux, pour un fou qu'ils perdent, ils en trouveront cent.

LUI.

Cent fous comme moi, monsieur le philosophe! l'espèce n'en est pas si commune : des fous plats, à la bonne heure : mais en fait de folie, on le prend à meilleure enseigne qu'en fait de talens et de vertus. Je suis rare en mon genre, très-rare, entendez-vous! Depuis qu'ils ne m'ont plus, que font-ils? L'ennui les ronge, comme des chiens à l'attache. Je suis un puits inépuisable d'extravagances. A chaque instant il m'en part une bouffée qui les fait rire aux larmes. J'étais pour eux l'équivalent des Petites-Maisons tout entières.

MOI.

Aussi aviez-vous la table, le lit, l'habit, la veste et la culotte, les souliers et une pistole par mois.

LUI.

C'est le beau côté que vous envisagez, le gain : mais vous ne dites rien des charges.

Quand le bruit courait qu'une nouvelle pièce de théâtre allait se donner, quelque temps qu'il fît, j'étais forcé de parcourir tous les greniers de Paris, jusqu'à ce que j'eusse découvert celui qu'habitait l'auteur. J'étais obligé de me procurer la pièce pour en faire lecture, et d'observer avec beaucoup d'art qu'il y avait un rôle qu'une de mes connaissances jouerait à merveille. « Eh qui donc, s'il vous plaît ? — Qui donc ? jolie question ! ce sont les grâces, le sentiment, la finesse... — Vous voulez dire mademoiselle Dangeville ; la connaîtriez-vous par hasard ? — Oui, un peu ; mais ce n'est pas elle. — Et qui donc ? — Tout bas je lui disais le nom. *Elle* répondait en souriant : Quoi ! *elle* ? Oui, *elle*-même, répliquai-je, en m'inclinant respectueusement (avec quelque pudeur, je l'avoue ; car quelquefois, j'ai aussi de la pudeur). Et au nom, il fallait voir comme la figure des poëtes s'allongeait. En attendant, que l'auteur le voulût ou non, je devais amener mon homme à dîner. Mais quelquefois fier dans sa noble indigence, ou craignant de contracter des obligations, il se refusait opiniâtrément à mes invitations les plus pressantes. Alors, quand je n'avais pas réussi, il fallait voir comme on me traitait ! comme je n'étais qu'une grosse bête, un lourdeau, un maladroit, bon à rien, si ce n'est à jeter par les fenêtres ; qui ne vaut pas le verre d'eau qu'on lui donne, etc. C'était bien pis encore quand arrivait le jour de la représentation; qu'il me fallait sans crainte, mais non sans péril, ferme champion d'un talent fragile, braver pour lui les cris d'un parterre orageux, opposer avec éclat mon jugement à celui d'une salle entière, couvrir les murmures de tout un public du bruit de mes applaudissemens solitaires. Tous les regards se tournaient vers moi ; et la grêle de sifflets destinés à l'actrice venaient rejaillir et tomber sur ma tête. J'entendais dire tout bas à mes côtés : « C'est sans doute un laquais déguisé de son amant.» un autre élevait la voix, et criait : « Le gueux va-t-il se taire? à la porte! » Personne ne devinait ce qui m'engageait à jouer ce plat rôle : on croyait que c'était sottise de ma part... On ignorait que c'était un motif qui excuse tout.

MOI.

Et même la violation de toutes les lois de l'état.

LUI.

A la fin, on apprit à me reconnaître, et l'on disait en riant :... « Oh! oh! c'est Rameau! » Le moyen que j'employai alors pour me mettre à couvert des huées, ce fut de jeter dans ma conversation avec mes voisins quelques mots malins et ambigus, qui sauvaient mes *bravos* isolés du ridicule, en les faisant passer pour ironiques.

MOI.

Que n'appeliez-vous la garde à votre secours?

LUI.

Elle accourait bien quelquefois au bruit;

mais ce n'était pas moi qui l'appelais. Avant de me rendre au champ de bataille, il fallait se farcir la mémoire des passages brillans, des morceaux à effet sur lesquels mamoiselle comptait le plus, et où elle entendait être applaudie à tout rompre. S'il m'arrivait de les oublier, ou de me méprendre, au retour, malheur à moi! c'était dans la ménagerie un tapage dont vous n'avez aucune idée! J'y avais encore bien d'autres emplois; notamment la charge de donner à manger à une couple de gros dogues : il est vrai que je m'étais mis moi-même, par ma bêtise, cette besogne sur le dos; plus, j'avais la surveillance des chats, et j'exerçais sur eux le commandement en chef; je regardais comme une faveur quand *Micou* me gratifiait d'un coup de griffes, et me déchirait les manchettes ou la main. *Criquette* avait souvent la colique, et alors je lui frottais le ventre. — Autrefois mademoiselle avait des vapeurs; à présent ce sont des maux de nerfs. Je ne parle pas d'autres indispositions légères dont on ne se cachait pas devant moi; cela pouvait couler à son aise. Ce n'est pas mon défaut de gêner qui que ce soit. J'ai lu, je ne sais où, qu'un roi surnommé le Grand s'appuyait souvent sur le dos de la chaise percée de sa maîtresse, elle étant dessus. On doit mettre ses hôtes à leur aise tant qu'ils veulent, s'y mettre soi-même tant qu'on peut : voilà ce que j'entends mieux qu'un autre. Je suis l'apôtre de la familiarité et de la commodité; je prêche d'exemple, sans que cela tire à conséquence; je n'ai qu'à me laisser aller.—A présent vous connaissez les ridicules du patron ; quant à mademoiselle, elle commence à devenir un peu lourde... : on fait courir les histoires les plus plaisantes sur son compte.

MOI.

J'espère au moins que ce n'est pas vous qui les racontez.

LUI.

Pourquoi pas?

MOI.

Rendre ses bienfaiteurs ridicules, cela serait indigne.

LUI.

N'est-il pas plus indigne de croire que les bienfaits mettent en droit d'avilir ses obligés?

MOI.

Le bienfaiteur en aurait-il le pouvoir, si l'obligé ne s'avilissait pas lui-même?

LUI.

Et si les protecteurs ne se rendaient eux-mêmes ridicules, les protégés pourraient-ils les ridiculiser? Est-ce ma faute, à moi, si ces gens remplissent leur maison d'espèces et de mauvais drôles, qui ensuite les déchirent et les traînent dans la boue? Quand on se détermine à vivre avec des gens comme nous, et qu'on a seulement le sens commun, on doit s'attendre à l'ingratitude la plus noire. Quand on nous reçoit, ne nous connaît-on pas pour ce que nous sommes? pour des âmes égoïstes, basses et sans foi? Si l'on nous connaît, tout est dit. Dès lors, il existe une convention tacite qu'on nous fera du bien, et que nous rendrons tôt ou tard le mal pour le bien. Cette convention n'existe-t-elle pas entre l'homme et ses singes, et son perroquet? *Palissot*, l'ami et l'ami de table de *Lebrun*, a fait un libelle affreux contre lui: et *Lebrun* de crier! *Palissot* avait besoin de faire un libelle, et *Lebrun* a tort. *Poinsinet* se plaint partout que *Palissot* lui mette le libelle sur le dos. *Palissot*, ne pouvant pas le garder sur le sien, a eu besoin d'un autre dos, il a choisi celui de *Poinsinet*; et, quand il s'en plaint, *Poinsinet* a tort. Le petit abbé *Rey* crie partout que son ami *Palissot* lui a soufflé sa maîtresse, chez laquelle il l'avait mené lui-même. Il n'aurait pas dû conduire un drôle comme *Palissot* chez sa maîtresse, à moins qu'il n'eût envie de la perdre. *Palissot* a fait son devoir; et l'abbé *Rey* a tort.

Qu'*Helvétius* soit outré de colère de ce que *Palissot* l'a joué sur les planches comme un homme vicieux, et qui pis est ridicule, lui à qui *Palissot* doit encore l'argent qu'il lui a prêté pour se faire guérir de la v....., pour se nourrir, pour s'habiller ; le bienfaiteur pouvait-il attendre une autre reconnaissance d'un homme couvert de toute espèce d'infamie, qui a fait abjurer la religion à son ami par passe-temps, qui s'empare du bien d'autrui en procureur, qui ne connaît ni sentiment, ni foi ni loi; qui court après la fortune *per fas et nefas ;* qui compte ses jours par ses crimes; qui s'est représenté lui-même en plein théâtre, comme un fripon dangereux, impudence dont l'histoire n'offre pas d'exemple, et qui restera peut-être l'unique en son genre. Non, ce n'est point *Palissot*, c'est *Helvétius* qui a tort (1).

---

(1) On sent combien ce portrait est chargé. Diderot revient toujours à son Palissot, comme Voltaire à son

Lorsqu'on mène un jeune nigaud de province voir la ménagerie royale de Versailles, et que cet imbécile passe sa main à travers la grille de la cage du tigre ou de la panthère, et ne peut la retirer de la gueule de l'animal féroce, lequel des deux a raison ou tort? Cela saute aux yeux, je pense. Tant pis pour qui ne réfléchit point ou qui oublie.

Combien y en a-t-il de ces gens qui oublient et ne réfléchissent point! On les déchire partout; ils sont perdus de réputation; l'opinion les punit comme des coupables, tandis qu'elle ne devrait que les plaindre comme des imbéciles. — Oui, grosse comtesse, oui, ne vous en prenez qu'à vous-même, si, quand vous sortez, vous voyez s'amasser autour de vous ce que vous appe-

---

Fréron; chacun sa bête noire. L'auteur de l'éloge de Sénèque n'avait point profité à la lecture du traité *de Clementiâ*. La comédie des *Philosophes* lui était restée sur le cœur.

lez de *la canaille*, si l'on vous montre au doigt, si l'on vous fait des avanies, si la bonne compagnie refuse de vous saluer et de vous voir; la canaille a raison, la bonne compagnie a raison; vous seule avez tort: pourquoi recevez-vous la mauvaise? — Bertin et sa maîtresse, tout entiers à leur amour, passent la journée en tête-à-tête, font fermer leur porte et ne voient plus personne; cela est très-commode. Mais si, sans renoncer à cette belle passion, ils y avaient mis plus de décence et de ménagement; s'ils continuaient de voir leurs anciennes connaissances; s'ils consacraient à une petite société de gens instruits et estimables quelques-unes des heures qu'ils consacrent uniquement à la douceur d'être ensemble, de s'aimer et de se le dire; pensez-vous qu'on eût fait sur eux tant de bonnes et de mauvaises histoires? Que leur est-il arrivé? ce qu'ils méritaient. Ils portent la peine de leur imprévoyance.

La Providence a promis de nous rendre

justice dans l'éternité à venir, et de payer le salaire de leurs actions à tous les *Bertin* passés, présens et futurs. En attendant l'éternité, et que justice se fasse dans l'autre vie, elle est mieux rendue qu'on ne pense dans celle-ci. Que diriez-vous, si nous autres mauvais sujets nous demandions à jouir, avec des mœurs dépravées, de l'estime publique ? Ne passerions-nous pas à vos yeux pour des fous ? Mais ceux qui attendent de la délicatesse, de la discrétion, des procédés honnêtes de la part de gens ingrats, vicieux et impudens, ceux-là sont-ils donc plus raisonnables ? Tout obtient sa vraie récompense en ce monde. Il y a deux procureurs généraux : l'un dans notre ordre social ; l'autre dans l'ordre physique de l'univers ; l'un nous surveille, punit les délits et les crimes d'après les lois établies ; l'autre, c'est la nature, connaît de tous les excès et de tous les désordres qui échappent à la loi. Livrez-vous à la débauche, et vous deviendrez poumoniques; soyez ivrognes et vous deviendrez hydropiques ; ouvrez votre porte à la canaille et vous serez décriés, bafoués, vilipendés. Le plus court et le mieux c'est de se soumettre à la loi et à la nature, et de se dire à soi-même, en se secouant les oreilles : Corrigeons-nous, ou nous serons punis de nos sottises.

MOI.

Vous avez raison.

LUI.

Quant aux histoires sur le patron et la patronne, je n'invente rien. Écouter et rapporter, voilà mon rôle, et je m'y tiens. Le bruit courut il y a quelque temps....

(Ici, Rameau raconta sur ses protecteurs une histoire si abominable que je n'ose la retracer. Elle était à la fois infâme et comique; et, en la racontant, son talent pour la satire s'élevait au plus haut degré où jamais l'esprit et la méchanceté soient parvenus.)

MOI.

Vous êtes un.... Parlons d'autre chose. Depuis que nous causons, j'ai une question sur les lèvres.

LUI.

Pourquoi la reteniez-vous si long-temps ?

MOI.

Je crains d'être indiscret.

LUI.

Après tout ce que je vous ai avoué, je ne vois plus ce que je pourrais avoir de secret pour vous.

MOI.

Vous ne doutez pas de ce que je pense de votre caractère.

LUI.

Nullement. Je suis à vos yeux un être bien méprisable ; aussi le suis-je aux miens, mais rarement ; et je me souhaite plus souvent bonne réussite avec mes vices que je ne me blâme, tandis que vous restez toujours sur votre mépris.

MOI.

C'est vrai. Me montrer toute votre dépravation !

LUI.

Comme vous en connaissiez déjà une bonne partie, je pensais avoir plus à gagner qu'à perdre, à vous faire connaître le reste.

MOI.

Comment l'entendiez-vous, s'il vous plaît?

LUI.

S'il est important d'être sublime dans quelque art, c'est surtout dans le mal. On crie contre un petit gueux; mais on a pour un grand une sorte de respect. Son courage vous étonne; sa cruauté vous fait frémir; et l'on estime toujours en lui l'unité de caractère.

MOI.

Mais cette *estimable* unité de caractère, vous ne la possédez même pas. Je vous trouve de temps en temps chancelant dans vos principes. Il est incertain si vous êtes né méchant, ou si par la misère vous avez été forcé de le devenir, et si votre application au mal vous a conduit dans cette carrière aussi loin que possible.

LUI.

Vous pouvez avoir raison ; mais j'ai fait tout ce qui était en mon pouvoir. Avouez du moins que je suis assez modeste pour reconnaître autour de moi des êtres au-dessus de moi. Ne vous ai-je point parlé de *Bouret* avec une profonde vénération ? *Bouret*, selon moi, est le plus grand homme du siècle.

MOI.

Mais vous marchez immédiatement après lui ?

LUI.

Non.

MOI.

C'est donc Palissot?

LUI.

Sans contredit; mais non Palissot tout seul.

MOI.

Eh! qui pourrait partager le second rang avec lui?

LUI.

Le renégat d'Avignon.

MOI.

Le renégat d'Avignon! je n'en ai jamais entendu parler. Mais il faut que ce soit donc un coquin bien extraordinaire.

LUI.

Je vous en réponds!

MOI.

L'histoire des grands hommes m'a toujours intéressé.

LUI.

Je le crois; celui-là vivait chez un bon et loyal descendant de ce mortel vénérable (1) à qui le Seigneur promit une postérité aussi nombreuse que les étoiles des cieux.

MOI.

Chez un juif.

LUI.

Chez un juif caché. Dans le commencement, il sut le gagner par la pitié, puis par le dévouement, enfin il en obtint une confiance sans bornes. Nous comptons tellement sur nos bienfaits, que nous n'avons point de secret pour ceux que nous en avons comblés. Comment voulez-vous que dans le nombre il ne se trouve point d'ingrats, surtout quand nous exposons le cœur humain à la tentation, et qu'il peut se laisser tenter impunément? Ce sont là des réflexions bien simples; pourtant on ne les fait guère, et

(1) Abraham.

notre juif ne les fit point; il avoua ingénûment au renégat qu'il ne mangeait jamais de cochon; et cela, pour obéir à la loi divine, et vivre en paix avec sa conscience. Apprenez, apprenez quel usage un homme habile sut faire de cette confidence. Plusieurs mois s'écoulèrent pendant lesquels notre renégat redoubla de soins et d'attention : après avoir achevé de prévenir l'esprit du juif en sa faveur, de s'insinuer auprès de lui; après s'être pleinement convaincu qu'il n'était pas possible de trouver un meilleur ami parmi tous les enfans d'Israel... Admirez l'habileté de cet homme! il ne se hâte pas; il laisse mûrir la pomme avant de secouer la branche. Trop de précipitation pouvait faire manquer son projet; trop de lenteur aussi : la beauté d'un caractère consiste dans cet équilibre juste et soutenu entre des qualités opposées.

Moi.

Je vous fais grâce de vos réflexions : continuez votre histoire.

LUI.

Impossible ! l'un ne marcherait pas sans l'autre. Il y a des jours où je suis forcé de les laisser couler comme de source. C'est un torrent qu'on ne pourrait arrêter. C'est une maladie qu'il faut qui ait son cours..... où en étais-je donc ?

MOI.

A l'intime amitié du juif avec le renégat.

LUI.

Avec le temps la pomme parvint à sa maturité..... mais vous ne m'écoutez pas..... à quoi pensez-vous ?

MOI.

Je pense à l'inégalité de votre son de voix. Tantôt vous parlez haut, tantôt bas.

LUI.

La voix d'un vaurien peut-elle être toujours égale ?... Enfin un soir il arrive chez son ami l'air troublé, la figure pâle comme celle d'un mort, tremblant de tous ses membres : — « Qu'avez-vous ? — Nous sommes perdus. — Perdus ! et comment ? — Je dis perdus, perdus sans ressource. — Expliquez-vous. — Un moment de patience. Que je me remette de ma peur. — Eh bien remettez-vous, » dit le juif, au lieu de lui dire : tu es un fripon fieffé ! je ne sais quelle nouvelle tu m'apportes ; mais tu es un coquin : tu joues l'interdit.

MOI.

Et pourquoi le juif devait-il lui parler ainsi ?

LUI.

Parce que le renégat a passé la mesure dans ses démonstrations. Cela me semble évident ; mais ne m'interrompez pas davantage. — « Nous sommes *perdus*, *perdus sans ressource.* » — Ne sentez-vous pas l'affectation de ce *perdu* trop souvent répété.....
— « Un traître nous a dénoncés à l'inquisi-

tion, vous comme juif, moi comme un renégat infâme »..... Voyez comme le scélérat ne rougit pas de s'appliquer ces odieuses qualifications. Il faut plus de courage qu'on ne pense pour se donner à soi-même le nom qu'on mérite. Vous ne savez pas combien il en coûte pour en venir là.

MOI.

Non, assurément, je ne le sais pas. Mais l'infâme renégat.....

LUI.

Sa fourberie réussit complétement. Le juif s'effraie, se lamente, s'arrache la barbe, se roule à terre. Il voit les alguasils à sa porte; il se voit revêtu d'*un san benito*; il croit avoir devant les yeux son auto-da-fé prêt. — « Mon ami, mon cher ami, mon unique ami, que devenir ? — Reprenez votre sang-froid pour vous tirer d'affaire, vous en avez besoin, paraissez tranquille : la procédure du tribunal est secrète, vous ne serez pas inquiété d'ici à quelques jours : mais profitez-en pour vendre tout ce que vous possédez. Je louerai, ou je ferai louer par un tiers une petite barque..... oui par un tiers, cela vaudra mieux,.... nous y transporterons vos effets précieux, votre argent comptant, en un mot tout votre bien ; car votre bien surtout est en péril. Ainsi tous deux nous fuirons cette terre barbare; nous chercherons sous un autre ciel la liberté de servir notre Dieu, et d'obéir avec sécurité aux lois d'Abraham, et à notre conscience. L'important, dans une situation aussi critique, est de ne commettre aucune imprudence..... » Ce qui fut dit, fut fait : la barque est louée, pourvue de vivres et de matelots ; la fortune du juif est à bord. — « Demain, au point du jour, nous nous embarquerons ; ce soir vous pouvez souper gaiement, et vous endormir sans crainte. » Dans la nuit le renégat se lève, va au bateau, prend le portefeuille du juif, sa bourse, ses bijoux, regagne le port et disparaît....

Et vous croyez que c'est tout, qu'il s'est borné là, je le parie; vous n'êtes pas à la hauteur de son génie, je le vois bien. Moi, quand on m'a raconté ce trait, je devinai de suite ce que je vous cache encore, pour essayer votre pénétration..... Vous avez bien fait d'être honnête homme; car vous n'auriez jamais été qu'un pauvre fripon. Jusqu'à présent le renégat n'est autre chose qu'un infâme coquin auquel personne ne voudrait ressembler. Mais la portée de son génie, et l'élévation de sa méchanceté ne se fait voir qu'en ce qu'il avait lui-même dénoncé son ami le juif; que les inquisiteurs s'emparèrent de celui-ci à son réveil, et quelques jours après en firent un feu de joie. Et c'est ainsi que le renégat devint sans contestations, maître absolu des biens de ce descendant maudit de ceux qui ont crucifié notre Seigneur.

MOI.

Je ne sais ce qui doit m'indigner davantage, de l'action du renégat dénonciateur, ou du ton dont vous la racontez.

LUI.

C'est justement ce que je disais : l'horreur de l'action l'élève au-dessus du mépris... A présent vous voyez pourquoi j'ai usé avec vous d'une franchise si entière. Vous devriez convenir du moins du haut point où je suis parvenu dans mon genre de mérite, du degré d'élévation où j'ai porté les bassesses (ou ce que vous appelez ainsi), et me placer dans votre estime sur la première ligne des grands vauriens. Alors je crierais : *vivat Mascarillus, fourbum imperator!* Allons, gai, monsieur le philosophe, chorus! *vivat Mascarillus, fourbum imperator!*

Alors il se mit à chanter un air improvisé, du caractère le plus singulier : tantôt la mélodie en était grave et majestueuse, comme d'une marche guerrière; tantôt le mouvement gai et vif, comme d'un pas de danse grotesque; sa voix imitait tantôt la basse, tantôt le ténor ; il marquait avec les bras et le cou allongés la mesure, les transitions du morceau, y composait des variations, faisait semblant de se conduire lui-même en triomphe ; et la beauté du chant, la justesse de ses intonations, faisaient voir qu'il se connaissait mieux en bonne musique, qu'en bonnes mœurs.

Je ne savais pas si je devais rester ou me sauver, rire ou me fâcher. Je restai, avec l'idée de diriger l'entretien sur quelque sujet qui pût bannir de mon âme l'horreur où elle était plongée. J'avais peine à supporter la présence d'un homme qui traitait une action épouvantable, un crime atroce, comme un connaisseur en peinture ou en poésie traite un ouvrage sublime dont il analyse les beautés, ou comme un moraliste, un historien, offre à notre admiration tous les détails d'une action héroïque. Je devins morne et pensif ; il s'en aperçut, et me dit : Qu'avez-vous ? Est-ce que vous vous trouvez incommodé ?

MOI.

Un peu, mais cela se passe.

LUI.

Vous avez la figure souffrante d'un homme malade ou tourmenté d'idées sinistres.

MOI.

Je le suis aussi... — (Nous demeurâmes quelques instans en silence. Lui se mit à se promener en long et en large dans la salle, sifflant et chantant. J'en profitai pour changer de conversation, en lui parlant de son art :) — Composez-vous quelque nouvel ouvrage ? Que faites-vous à présent ?

LUI.

Rien.

MOI.

Tant pis ! c'est ce qui fatigue le plus.

LUI.

J'étais déjà assez bête. Maintenant je viens

d'entendre la musique de Duni, et d'autres jeunes compositeurs : c'est ce qui me rend tout-à-fait fou.

MOI.

Vous aimez donc cette nouvelle musique?

LUI.

Passionnément.

MOI.

Vous y trouvez de grandes beautés?

LUI.

Si j'y trouve des beautés? Sur mon Dieu je vous en réponds! Comme cette déclamation est naturelle! quelle expression! quelle vérité!

MOI.

Toute imitation a un modèle dans la nature. Quel est le modèle du musicien lorsqu'il compose un chant?

LUI.

Pourquoi ne prenez-vous pas la chose dans sa racine? Qu'est-ce qu'*un chant*?

MOI.

Je vous l'avoue... cette question est au-dessus de mes forces. C'est ainsi que nous sommes tous. Nous n'avons dans la mémoire que des mots que nous croyons comprendre, parce que nous nous en servons souvent, et quand on nous demande de nous expliquer tout de bon, nous sommes forcés de rester court, tant notre tête est vide d'idées nettes, bien analysées, et dont nous puissions rendre compte à nous-mêmes et aux autres! quand je prononce le mot chant, je n'en ai pas une idée plus distincte que vous, et la plupart de vos semblables, quand vous prononcez les mots : réputation, honte, honneur, crime, vertu, pudeur, convenance, ridicule...

LUI.

Le chant est une suite de sons en rapport entre eux, dont l'art a inventé la combinaison pour retracer les sentimens, les passions qu'expriment la voix de l'homme, les cris des autres êtres animés, ou pour imiter les bruits et en général tous les effets de la nature. Vous voyez qu'avec les modifications convenables, cette définition s'appliquerait à la peinture, à l'éloquence, à la sculpture, à la poésie. Maintenant pour répondre précisément à votre question : vous demandez quel est le modèle du chant, l'objet imité par le musicien ? C'est l'accent de la voix, quand le modèle est vivant ; le bruit, le son naturel, quand le modèle est inanimé. Il faut considérer la suite des intonations, la voix parlante comme une ligne droite. Et le chant comme une ligne courbe qui s'entrelace autour d'elle. Plus il y a de points où la ligne courbe touche la ligne droite, où les accords de l'artiste se confondent avec les accens de l'être sensible et passionné, plus le chant est beau, vrai, pathétique : et c'est ce que les grands musiciens ont senti par l'inspiration du génie, s'ils ne l'ont pas tous reconnu par l'analyse et le raisonnement.

Quand on entend, *Je suis un pauvre diable*,

ne croit-on pas entendre la voix d'un vieil avare ? Si, lorsqu'il confie son or à la terre, et lui dit : *O terre reçois mon trésor*, il ne chantait pas, sa prière *parlée*, animée par la passion qui le domine, aurait-elle un autre accent ? Écoutez ensuite la petite fille, qui sent son cœur palpiter, qui rougit, se trouble et supplie son maître de la lâcher ; quand même elle ne chanterait pas, noterait-on autrement ses intonations ? On trouve dans cet air les caractères d'expression les plus opposés, les plus en contraste, rendus avec une égale vérité. C'est quelque chose de parfait. Je vous le dis : allez, allez entendre l'ariette où le jeune homme qui se sent mourir, s'écrie : *Mon cœur s'en va*. Écoutez ce chant, écoutez son accompagnement, et dites-moi après quelle différence existe entre la voix d'un mourant et l'expression de cet air ? vous verrez que la ligne de la mélodie musicale est ici absolument identifiée avec celle de l'accent naturel. Je ne vous parle pas de la mesure qui est aussi une des conditions essentielles du chant. Je m'en tiens à l'expression ; et il n'y a rien de plus vrai que l'adage suivant que j'ai lu quelque part : *Musices seminarium accentus.* « L'accent est le germe, la source de la musique. » D'après cela réfléchissez combien il est important et difficile de savoir composer un bonré citatif ! il n'y a pas un bel air dont on ne puisse faire un beau récitatif ; et il n'y a pas un beau récitatif dont un habile homme ne sût tirer un bel air. Pourtant je ne voudrais pas répondre qu'un compositeur, capable de bien écrire le récitatif, fût toujours sûr de trouver d'heureux chants ; mais je serais bien étonné, si celui qui trouve des chants mélodieux, n'écrivait pas admirablement le récitatif. Croyez tout ce que je vous dis là, car rien n'est plus vrai.

MOI.

De tout mon cœur, si je n'étais arrêté par une petite réflexion.

LUI.

Et cette réflexion?...

MOI.

C'est que si une telle musique est sublime, il faut alors, de toute nécessité, que celle du divin Lully, de Campra, de Destouches, de Mouret, et même celle du cher oncle (je ne le dis qu'à vous) soit un peu plate.

LUI (me parlant à l'oreille).

Elle l'est aussi. Je ne voudrais pas qu'on pût m'entendre; car il y a ici beaucoup de gens qui me connaissent. Je parle bas, non que j'affiche un zèle bien aveugle pour mon cher oncle, que vous pouvez appelez *cher* si vous voulez; mais qui est de pierre, et qui verrait ma langue pendre d'une aune hors de ma bouche, sans me donner pour cela un verre, une goutte d'eau... Maintenant qu'il s'essaie comme il faisait jadis avec l'*octave* et la *septime, hon, hon, hin, hin, tu, tu, tu, turlututu*, et avec le tintamarre infernal qu'il a fait retentir jusque dans les demeures célestes! Ses honneurs sont détruits, son empire est passé. Ceux qui prenaient les hurlemens pour du chant, et le tapage pour de la musique, commencent à s'y mieux connaître; le monde devient difficile. Sans mentir, on devrait, par une sage ordonnance de police, défendre à qui que ce soit de chanter le *Stabat* de Pergolèse: que dis-je? ce *Stabat*, on devrait le faire brûler par la main du bourreau. Sur ma parole, ces maudits bouffons avec leur *servante maîtresse*, avec leur *Tracolle*, nous ont donné un terrible coup dans les reins. Autrefois les représentations de *Tancrède*, d'*Issé*, de l'*Europe galante*, des *Indes*, de *Castor*, des *Talens lyriques* marchaient quatre, cinq et six mois de suite. Les représentations d'Armide ne voulaient pas finir. A présent tout cela tombe l'un sur l'autre comme des rois de carte. Aussi *Rebbel* et *Francœur* (1) jettent feu et flamme. Ils

---

(1) Directeurs de l'orchestre de l'Opéra.

crient que tout est perdu; qu'ils sont ruinés, que si l'on souffre plus long-temps ces chanteurs de foire de village, la musique nationale s'en ira au diable, que l'Académie royale de musique tombera dans un cul-de-sac dont elle ne sortira jamais, et qu'elle n'a plus qu'à fermer boutique. Il y a bien quelque chose de vrai là-dedans. Les vieilles perruques, les ganaches, qui depuis trente ou quarante ans se réunissent à l'Opéra dans le coin du roi tous les vendredis, au lieu d'avoir l'air de s'amuser comme autrefois, paraissent s'ennuyer à périr. Pauvres sots! ils bâillent sans savoir pourquoi; ils se le demandent à eux-mêmes, et ne le devinent pas. Que ne s'adressent-ils à moi? Ils sauraient bientôt à quoi s'en tenir. La prédiction de Duni ne tardera pas à s'accomplir, croyez-moi. Au chemin que cela prend, je veux mourir, si dans quatre ou cinq ans, à dater du *Peintre amoureux de son modèle,* ces messieurs ne sont pas cloués dans le cul-de-sac. Ces bonnes gens ont fait trêve à leur symphonie, pour entendre les symphonies italiennes ; ils en ont goûté les charmes, et ils ont cru qu'ils pourraient revenir de là à leur traînante musique vocale, comme si (abstraction faite d'une exécution plus facile et plus légère) la musique instrumentale, la symphonie, n'était pas au chant, ce que le chant est à la déclamation naturelle? Le *violoniste* n'est-il pas le singe du chanteur (qui, lorsque par la suite le difficile prendra la place du beau, se fera sans doute le singe du violoniste)? — Vous croyez que vos oreilles auront fait connaissance impunément avec l'accent passionné, l'accent vrai de la nature, et qu'après s'être accoutumées à cette douce mélodie, elles pourront se plaire encore au bruit des trompettes, des timbales, des triomphes, des *gloires des victoires?... va-t'en voir s'ils viennent, Jean!* — Vous aurez reconnu tour à tour, dans des airs expressifs et variés, la voix de la douleur, de la jalousie, du désespoir, les gémissemens de l'amour, le cri de la fureur, les accens de la joie, les éclats de la gaieté, et vous croyez que vous pourrez continuer d'admirer *Ragonde* et *Platée ?*... Tarare !— Vous aurez senti combien l'idiome italien est favorable à la mélodie; combien il a de légèreté, de grâce, de souplesse, de variété; comme ce langage prosodié, ce mélange de voix brèves et de voix *toniques*, ces syllabes qui ont toute leur *quantité*, ce rhythme de mots, cette musique *commencée* aident au travail du compositeur; comme la phrase parlée appelle la phrase musicale! vous l'avez senti, et vous croyez qu'ensuite vous ne sentirez pas combien votre langue, à vous autres Français, est sèche, voilée, pauvre, pesante, monotone? vous vous trompez diablement, messieurs.— Vous aurez entendu des chants pathétiques; vous aurez appris à connaître l'illusion, l'attendrissement, à mêler vos larmes à celles d'une mère pleurant sur le tombeau de son fils; à trembler de l'arrêt de mort que prononce un tyran! et vous croyez que vous ne serez point las de votre éternelle féerie, de votre pitoyable mythologie, de vos vers froids et maniérés, de vos madrigaux précieux, de votre métaphysique rimée, de votre petit bel-esprit, qui n'accusent pas moins le mauvais goût de votre poésie, que la misère d'une musique qui perd ses accords sur de pareilles pauvretés ! Non, mes amis, cela n'est pas ainsi, et cela ne peut pas être ainsi. Le vrai, le bon, le beau, exercent un pouvoir irrésistible. Long-temps on leur fait la guerre par ignorance, surtout par envie ; mais on finit toujours par l'admiration. Ce qui n'est pas marqué à leur coin peut plaire, tant qu'on ne possède pas mieux. Dès qu'on a connu les vraies beautés, le mauvais devient insupportable; on s'étonne d'être guéri de ses stupides admirations, et de faire comme ces messieurs, de bâiller. Bâillez-donc, messieurs, bâillez à votre aise ! L'empire de la nature s'établit tout doucement; mais une fois établi, il est inébranlable. Voilà ma trinité, à moi, contre laquelle les portes de l'enfer ne prévaudront jamais. Le vrai est le *Père ;* qui engendre le bon, c'est le *Fils ;* de leur union naît le beau, c'est le *Saint-Esprit.* Chez les peuples *infidèles*, ce dieu étranger s'assied modestement sur l'autel, à côté de l'idole du pays. Peu à peu il gagne du terrain; et, un beau matin, le vrai dieu donne un coup d'épaule à son camarade, et pouf! l'idole est à terre. Les jésuites avaient bien calculé, quand ils cherchaient à propager ainsi la religion chrétienne en Chine et aux Indes. Que vos jansénistes en disent tout ce qu'ils voudront, cette adroite et sage politique qui va au but sans bruit, sans verser du sang, sans martyrs, sans qu'il en coûte une tête de choux, est sans contredit la meilleure de toutes.

MOI.

Il y a de l'esprit dans ce que vous dites là.

LUI.

De l'esprit! tant mieux. Diable m'emporte

si je cours après. Cela vient sans que j'y pense..... pourvu qu'il y ait du vrai, c'est l'essentiel. Un garçon charbonnier parlera toujours de son métier avec plus de connaissance de cause qu'une académie entière, et tous les *Duhamel* (1) du monde.

(Alors il se mit à se promener en long et en large, en murmurant des airs de l'*Ile des fous*, du *Peintre amoureux de son modèle*, du *Maréchal ferrant*, de la *Plaideuse*. De temps en temps, les bras en l'air, les yeux levés au ciel, il s'écriait:) Si c'est beau, mon Dieu; si c'est beau !..... mais avoir une paire d'oreilles, et faire une pareille question ! Il s'animait de plus en plus; d'abord il chantait à demi-voix, puis il élevait le ton à mesure qu'il s'animait davantage, puis arrivaient les grimaces, les contorsions de la figure et du corps. Je me disais à part : — « Le voilà qui perd la tête, il faut s'attendre à quelque nouvelle scène. » En effet il

---

(1) Membre de l'académie des sciences.

ne se possédait plus, en chantant : *Je suis un pauvre misérable..... Monseigneur, monseigneur, laissez-moi partir... O terre ! reçois mon or, conserve bien mon trésor, mon âme, mon âme, ma vie, ô terre, le voilà le petit ami..... A Zerbina, penserete..... aspettarsi non venire..... sempre in contrasti si sta con sè.* Il frédonnait, entremêlait trente airs italiens, français, tragiques, comiques, de toute espèce de caractère. La mâchoire en contorsions, parcourant l'échelle des tons d'une extrémité à l'autre, tantôt avec sa basse-taille il descend au fond des enfers, tantôt avec son fausset il va percer les nues. Sa démarche, ses gestes, ses grimaces imitaient les divers personnages chantans, tour à tour, furieux ou tendre, imposant ou burlesque. Un moment, c'est une jeune fille qui pleure ; on croit entendre les accens de sa douleur. L'instant d'après il est grand-prêtre, il invoque et fait parler les dieux. Tantôt il est tyran, s'emporte, menace, commande. Tantôt il est esclave et obéit. Il rit, il gémit, il se désespère, il s'apaise : mais quelque variété de sentimens qu'il exprime, il est toujours dans le vrai, toujours dans le ton et la mesure des airs, dans le caractère de la situation.

Tous les joueurs d'échecs avaient abandonné leurs damiers, et s'étaient rassemblés autour de lui. Les fenêtres en dehors du café, étaient garnies de curieux qui surpris d'un pareil tapage s'arrêtaient sur la place. C'était de toutes parts, une risée et un *brouhaha* à faire crouler sur nous les plafonds. Quant à lui, il n'y prenait pas garde, et continuait, tellement livré à un enthousiasme qui approchait de la folie, qu'il était à craindre qu'il ne pût jamais rentrer en lui-même, et qu'on ne fut forcé d'aller chercher un fiacre pour le jeter dedans et le conduire à Charenton ; surtout au moment où il déclamait un des morceaux les plus pathétiques de Jomelli. Mais, à moins de l'avoir entendu, on ne peut se faire une idée de la précision, de la vérité, de l'incroyable chaleur avec laquelle il retraçait cette situation intéressante, et chantait le beau récitatif obligé, où le prophète prédit la destruction de Jérusalem. Il le déclamait les yeux noyés de larmes, et il n'y avait aucun de ceux qui l'écoutaient qui pût se défendre de partager son attendrissement. On ne pouvait désirer ni plus de douceur dans le chant, ni plus de force dans l'expression de la douleur. Il s'attachait surtout à rendre tous les effets des passages où le compositeur s'était montré vraiment grand maître. Quand il quittait la partie du chant, il passait à celle des instrumens, la quittait de même à la hâte pour retourner au chant, liant si bien l'une à l'autre, qu'il conservait parfaitement l'unité du tout. C'est ainsi qu'il sut s'emparer de nos âmes, les agiter de tous les sentimens qu'elles sont susceptibles d'éprouver, et les faire errer délicieusement dans ce dédale des émotions les plus vives et les plus variées. Jamais je n'aurais imaginé que le pouvoir de la musique s'étendît jusque-là. — Et vous admiriez? — Oui, j'admirais. — Vous pleuriez d'attendrissement? — Oui, j'avais peine à retenir mes larmes quand je l'écoutais; et en même temps le spectacle grotesque qui frappait mes yeux, faisait sur moi un effet tout contraire, et par un mélange bizarre je ne pouvais m'empêcher à la fois de rire et de pleurer.

En effet, qui aurait pu garder son sérieux, à voir la manière dont il imitait les divers instrumens. Avec des joues enflées et enflammées, et d'un ton dur et sombre, il cherchait à rendre les sons du cor : avec des tons criards et sortant du nez, il imitait ceux du hautbois : ses doigts, avec une agilité incroyable, semblaient parcourir les instrumens à cordes, dont sa voix s'efforçait de rendre les sons. En sifflant, il imitait le flageolet; avec des sifflemens plus aigus, la flûte traversière; criait, chantait, se démenait comme un enragé; il représentait à lui seul les mouvemens des chanteurs et chanteuses, des danseurs et danseuses, de tous les concertans de l'orchestre, d'une salle d'Opéra toute entière; faisait cent rôles differens, courait, s'arrêtait tout à coup, avec les gesticulations d'un homme attaqué d'une maladie nerveuse, les yeux étincelans et la bouche écumante.

Tout autre que lui eût succombé à de si violentes agitations. La sueur ruisselait tout le long des rides de son front, inondait ses joues, se mariait avec la poudre de ses cheveux, et se mêlait sur son menton avec l'écume de sa bouche. Lui, sans le sentir, sans s'essuyer, sans rien voir, continuait de chanter, de déclamer, de pleurer, de rire, de soupirer, de nous regarder avec tendresse ou fureur. Plus il était égaré, hors de lui, plus il était étonnant et sublime. Non content de rendre les effets du sentiment, il voulut rendre aussi ceux de la nature. C'était peu de nous avoir retracé fidèlement une amante plongée dans la douleur, un malheureux en proie au désespoir, il sut nous peindre aussi dans ses accords, un temple qui s'élève majestueusement, des oiseaux qui au coucher du soleil se perdent dans l'immensité des airs; on croyait sentir la fraîcheur de l'eau qui jaillit en murmurant d'une source cachée dans un bois solitaire; entendre le doux frémissement des feuilles caressées par un zéphyr qui semble animer leur ombrage; le bruit du torrent descendant des montagnes sur l'aride rocher qui se dissout en sables sous ses pas liquides; tantôt les éclats du tonnerre, les cris de ses victimes, entremêlés avec les sifflemens d'Éole en fureur : il imitait la nuit et ses ténèbres, et son silence ; car le silence même s'imite par des sons adroitement voilés. — Enfin, haletant, épuisé sous tant de sentimens si divers, si violens, si prolongés, il succombe : il demeure muet, immobile, pétrifié. — Puis, sortant par degré de son égarement, il promène ses regards sur tout ce qui l'environne, comme un homme qui revient à lui d'une profonde léthargie, ou comme une biche, qui après les douleurs de l'enfantement, jette sur son nouveau-né ce premier regard de mère qui fait plus que la consoler. — Il cherche à reconnaître le lieu où il se trouve ; en attendant le retour de ses forces, de sa présence d'esprit, il essuie machinalement son visage, pareil à celui qui réveillé d'un sommeil délicieux et embelli de rêves qui l'ont porté au faîte des grandeurs et des richesses, s'aperçoit tout à coup, les yeux encore fermés, et refusant de s'ouvrir au jour qui les blesse, qu'il est entouré de recors et d'huissiers qui viennent s'emparer de lui pour le conduire en prison, et qui vendent ses meubles pour se payer de leurs peines. Ainsi plongé dans un étonnement stupide, dans l'oubli de lui-même, dans l'ignorance absolue de tout ce qui s'est passé, de tout ce qu'il a fait, il s'écrie :) — Eh bien, messieurs, qu'est-ce qu'il y a ? Pourquoi riez-vous ? Pourquoi êtes-vous surpris ? Qu'est-ce qu'il y a donc ?

(Puis, reprenant quelques-unes de ses idées, il ajoute en se frappant le front :)
— Voilà ce qui s'appelle de la musique, un musicien !.... Il ne faut pourtant pas mépriser de certains morceaux de Lulli ; par exemple, la scène : *J'attendrai l'aurore*.... Qu'on ne dédaigne pas non plus quelques airs de Campra ; ceux que mon oncle a composés pour le violon, ses gavottes, ses marches de guerriers, de prêtres, plusieurs airs de ses opéras : *Tristes apprêts, pâles flambeaux, jour plus affreux que les ténèbres... Dieux de l'Oubli, dieux du Tartare....* »

(Alors il chanta cet air de toutes ses forces, et avec une voix si éclatante et si terrible, que ceux qui étaient placés près de nous furent contraints de mettre la tête hors de la fenêtre ou de se boucher les oreilles. Il ajouta :) J'espère que, pour chanter ainsi, il faut avoir des poumons, un bel organe, un certain volume d'air dans la poitrine ! En attendant, avec la musique itafienne en présence, les voilà dans un bel embarras! l'*Ascension* est arrivée, les *Rois* et le *Carême* sont passés, et ils ne savent pas encore ce qu'ils mettront en musique! Cela rend les compositeurs tout-à-fait pieux! N'ayant point d'opéra sur le métier, ils ne font plus que de la musique d'église... Quand on pense que la vraie poésie lyrique n'est pas née encore en France! Jamais ils ne parviendront à la découvrir, à moins d'étudier sérieusement, de prendre pour modèle *Pergolèse, Terradeglias, Traetta*... oui, pourvu qu'ils les lisent et relisent sans cesse, ils y arriveront.

MOI.

Quoi! vous croyez que *Quinaut, Lamothe, Fontenelle*, n'y entendaient rien!

LUI.

Rien au monde. Je ne connais pas, dans leurs charmantes poésies, six vers de suite qui puissent inspirer un musicien. Ce sont partout des discours pleins d'esprit, d'élégans madrigaux, des réflexions quintessenciées et subtiles. Pour comprendre combien tout cela offre peu de ressources à notre art, à cet art le plus difficile de tous sans excepter même celui de Démosthènes, veuillez en relire quelques morceaux. Vous pourrez les trouver quelquefois jolis et spirituels, mais toujours froids et monotones : il n'y a là rien qui puisse servir de base au chant. J'aimerais autant mettre en musique les maximes de Larochefoucauld, ou les pensées de Pascal.

Le cri animal de la passion, voilà ce que le poëte doit conserver le plus possible au musicien, qui n'a de prise que là-dessus dans son travail, car la musique ne rend que le sentiment et non le raisonnement. Les expressions vives et naturelles doivent être pressées les unes sur les autres ; les phrases doivent être claires, rapides, entrecoupées : point de discours trop suivis, ni d'enchaînement de phrases. Afin que le musicien puisse régner sur le tout comme sur les parties, laisser un mot de côté, en répéter un autre, en ajouter un qui lui manque, tourner et retourner son morceau sans le mutiler, comme on taille en tous sens un polype sans le blesser ni le faire mourir. Voilà ce qui rend la poésie lyrique beaucoup plus difficile en français qu'elle ne l'est dans les langues qui ont des inversions, et qui offrent d'elles-mêmes toutes ces facilités au compositeur.

Barbare, plonge ton poignard dans mon sein... me voilà prêt à recevoir le coup mortel... Frappe, qui t'arrête !... Ah! je languis, je meurs... Cruel amour, que veux-tu de moi?... Laisse-moi la douce paix dont j'ai joüi... rends-moi la raison, etc. Que la passion soit forte, et son expression simple ! Le poëte et le musicien ne sauraient trop se pénétrer du sentiment qu'ils se réunissent pour exprimer : que l'air soit toujours placé à la fin de la scène. Nous avons besoin d'exclamations, d'interjections, de phrases coupées, d'affirmations, de négations ; nous appelons, nous repoussons, nous crions, nous gémissons, nous rions de tout notre cœur. Point de traits d'esprit apprêtés, point de figures de rhétorique, de jolies pensées à prétention ; cela nous mène trop loin, cela nous écarte trop de la simple, de la belle, de la presque inimitable nature. Qui s'approche le plus de sa pure et inaltérable vérité, est le plus grand artiste dans tous les genres. Ne croyez pas surtout que la déclamation de l'acteur, qui débite de la prose ou des vers, puisse nous servir de modèle, à nous qui devons accentuer plus fortement que lui, qui devons chercher une expression plus naturelle et moins maniérée. Fi donc ! ce serait l'imitation d'une imitation ; et le musicien homme de génie doit être créateur, du moins n'avoir qu'un modèle. Quiconque imite est inférieur au sien. Que le nôtre soit tel que nous puissions être inférieurs sans rougir, et fiers quand nous avons su l'atteindre ; que notre modèle soit la nature : l'accent du sentiment, la voix de la passion ; ne sortons pas de là. Cette étude nous est d'autant plus nécessaire, que notre langue est monotone, que sa tendance est à une prononciation uniforme, qu'elle n'a point *d'accent*. Le cri animal, le cri de l'homme passionné, le fera retrouver au musicien.

(Pendant qu'il me parlait ainsi, la multitude qui nous assiégeait s'était dispersée, soit qu'elle ne comprît rien à nos discours, soit qu'elle prît moins d'intérêt à une savante discussion qu'à une scène extravagante, car les grands enfans comme les petits aiment mieux s'amuser que s'instruire. Nos joueurs étaient retournés à leurs échecs, et nous étions seuls dans notre coin.— Assis sur un banc, la tête appuyée contre le mur, les bras pendans, les yeux à demi fermés, il me dit :) Je ne sais pas comment je me trouve. En arrivant ici j'étais gai et dispos, à présent je suis cassé et rompu comme si j'avais fait dix lieues, et cela me vient tout à coup.

MOI.

Voulez-vous prendre quelques rafraîchissemens ?

LUI, *vivement.*

Très-volontiers. Je suis enroué, la force m'abandonne, et je sens quelques douleurs de poitrine. Cela m'arrive presque tous les soirs, et je ne sais quelle en est la cause.

MOI.

Que peut-on vous offrir ?

LUI.

Ce qui vous plaira : je ne suis point friand. Le manque de tout m'a appris à me contenter de tout....

(On nous apporta de la bière et une limonade; il remplit un grand verre tantôt de l'une, tantôt de l'autre, les vida deux ou trois fois, toussa à plusieurs reprises, et continua :

Avouez-le, monsieur le philosophe, n'est-il pas bien extraordinaire qu'il ait fallu que ce fût un étranger, un italien, un *Duni* qui soit venu en France pour nous apprendre comment on peut donner un caractère à notre musique ; comment on peut plier notre chant à toutes les tactures, à toutes les pauses, à toutes les modulations ; comment on doit avant tout s'occuper de l'accent, de l'expression du sentiment, sans négliger la prosodie : pourtant cela n'était pas la mer à boire. Il semble qu'il suffit d'être accosté dans la rue par un mendiant insolent qui demande impérieusement l'aumône, d'écouter les discours d'un homme enflammé de colère, d'une femme égarée par la jalousie, d'un amant désespéré, d'un flatteur, oui d'un flatteur qui adoucit sa voix, et file les syllabes avec une langue de miel; il semble, dis-je, qu'il n'en faut pas davantage pour connaître l'accent de la passion, et par conséquent le modèle de notre art ; car toute passion, pourvu qu'elle en soit digne par sa force, est le modèle du musicien. Il semble qu'on aurait pu, sans de grands efforts de génie, se douter de deux choses : premièrement, que les syllabes brèves ou longues sont ainsi déterminées par l'usage, mais sans rapport avec l'accent de celui qui les prononce, et cela serait même impossible, puisque les mêmes syllabes sont prononcées tour à tour par des hommes agités des sentimens les plus contraires; que, dans un discours animé, la tendresse ou la fureur ne s'embarrassent pas de la quantité des voix; que la passion s'arrange comme elle veut avec la prosodie, glisse ou appuie sur les mots, et précipite ou prolonge à son gré la prononciation; que l'homme plongé dans la douleur, qui s'écrie : Malheur à moi! malheur!..., porte les éclats de sa voix au plus haut degré de force dans les tons élevés, et la fait redescendre ensuite à des tons plus difficiles à atteindre avec justesse dans le bas de l'octave, et toujours appuie sur les syllabes expressives, leur donne la durée qui fait l'*accent*, qui sert de base à la mélodie, sans égard pour la quantité des voix, et sans que les syllabes brèves ou longues conservent dans le discours passionné la brièveté et la longueur qu'elles ont dans la conversation tranquille. — Quel chemin n'avons-nous pas fait depuis le temps où nous admirions la fameuse parenthèse d'Armide : *Le vainqueur de Renaud (si quelqu'un le peut être)* ou l'*Obéissons, sans balancer...* des Indes galantes, et où nous les regardions comme les chefs-d'œuvre de la déclamation musicale. A présent ces prétendus chefs-d'œuvre nous font hausser les épaules. D'honneur, à voir l'essor que prend aujourd'hui la musique, je ne sais où elle s'arrêtera... En attendant, buvons un coup.

(Il en but deux ou trois de suite, sans savoir ce qu'il faisait, et au train dont il y allait, il était en bon chemin de se noyer l'estomac. Sans qu'il s'en aperçut, j'ôtai les flacons de dessus la table, et tandis qu'il les cherchait où ils étaient l'instant d'auparavant, je lui dis :) Comment se fait-il qu'étant doué d'un tact si juste, d'une sagacité si admirable pour sentir les beautés de la musique, vous soyez si insensible aux beautés morales, et si froid pour les charmes inexprimables de la vertu?

LUI.

Peut-être parce qu'il faut pour cela un sens particulier qui me manque ; une corde qui n'a pas été donnée à mon âme, ou qui s'est relâchée, qu'on a beau pincer, qui ne résonne plus chez moi. — Ou parce que j'ai vécu avec de bons musiciens, mais gens dépravés ; que par-là mon oreille est devenue sensible à la musique, et mon cœur dur et sourd à tout le reste. — Peut-être aussi ma maladie est-elle une maladie de famille. Que voulez-vous ? le sang de mon père est le même que celui de mon oncle ; le mien est le même que celui de mon oncle et de mon père. Notre sang originaire était de mauvaise qualité ; et cette qualité diabolique ne s'est point démentie en nous, de génération en génération, jusqu'à mon enfant.

MOI.

L'aimez-vous, votre enfant?

LUI.

Si je l'aime? le petit frippon! à la folie.

MOI.

Et ne vous donnez-vous pas toutes les peines possibles pour purifier la mauvaise qualité du sang que vous lui avez transmis?

LUI.

Il me semble que ce serait prendre une peine inutile. S'il est destiné à devenir honnête homme, je ne l'en empêcherai pas. Mais si le Créateur veut qu'il soit un vaurien comme son père, alors toutes les peines que je prendrais pour le transformer en honnête homme lui deviendraient funestes, en ce que son éducation serait toujours en combat avec ses penchans naturels et héréditaires : il serait tiraillé en des sens contraires, par deux principes ennemis : le chemin de la vie deviendrait pour lui trop pénible, trop raboteux : mon fils serait, comme vous en voyez tant d'autres qui s'y prennent très-maladroitement pour faire le bien, et plus maladroitement encore pour faire le mal. Nous appelons cela, en termes techniques, des *espèces*. De tous les sobriquets, c'est le plus épouvantable, car il désigne la médiocrité, et commande le dernier degré de mépris. Un grand vaurien est un grand vaurien, mais ce n'est pas une *espèce*. Si je mettais donc à mon fils, par son éducation, cette barre dans la roue de la vie, alors il perdrait les plus belles années de son existence avant que la nature paternelle, reprenant le dessus, osât se montrer en lui dans toute sa perfection, et dans la sublimité de la dépravation à laquelle je suis parvenu. Mais quant à présent je ne fais rien de lui; je le laisse aller et croître. Je l'ai fait; c'est tout dire. Il est déjà gourmand, importun, malicieux, paresseux, menteur déhonté; et j'ai lieu d'espérer qu'il ne démentira pas mon sang, ni le lait de vipère qu'il a sucé.

MOI.

Et vous en ferez un musicien, pour que rien ne manque à cette ressemblance.

LUI.

Un musicien! un musicien! Quelquefois je le regarde en me serrant les dents, et je dis : Si jamais tu dois connaître une note, je préfère te tordre le cou sur l'heure.

MOI.

Et pourquoi, s'il vous plaît?

LUI.

Cela ne mène à rien.

MOI.

Au contraire, cela mène à tout.

LUI.

Oui, quand on atteint la perfection. Mais qui peut se promettre de son enfant qu'il sera un jour parfait dans un art? Dix mille à parier contre un que le mien ne sera jamais qu'un méchant râcleur de boyaux comme moi. Savez-vous qu'il serait plus facile de trouver un enfant en état de gouverner un royaume et d'en faire sans beaucoup de peine, ce qu'on appelle vulgairement un grand roi, que d'en trouver un capable de devenir un grand virtuose, surtout pour le violon ?

MOI.

Je crois que des talens agréables, possédés même à un degré médiocre, peuvent, chez une nation immorale et perdue de libertinage et de luxe, conduire rapidement un homme dans le chemin de la fortune. J'ai dernièrement moi-même entendu une conversation bien faite pour confirmer ce que je dis là : c'était entre une *espèce* de protecteur et une *espèce* de protégé. Ce dernier avait été adressé à l'autre comme ayant beaucoup de talens, qui ne demandaient qu'à être employés. — « Monsieur, que savez-vous? — Je sais passablement les mathématiques. — Alors donnez des leçons de mathémathiques ; et quand vous vous serez crotté dix ou douze ans de suite sur le pavé de Paris, vous aurez peut-être gagné douze ou quinze cents livres de rente. — J'ai étudié le droit public, et j'y suis assez fort. — Si *Puffendorf* et *Grotius* revenaient au monde, on les trouverait un jour morts de faim au coin d'une borne. — Je sais très-bien la géographie et l'histoire. — S'il y avait des parens qui prissent véritablement à cœur l'éducation de leurs enfans, votre fortune serait faite ; mais il n'y en a point. Je suis bon musicien. — Et que ne disiez-vous cela d'abord ? Pour vous montrer quel parti on peut tirer de ce talent, j'ai une fille : venez tous les soirs, de six heures et demie à neuf heures ; donnez-lui des leçons et je vous donnerai vingt-cinq louis par an ; vous déjeûnerez, dînerez, goûterez et souperez avec nous. Le reste de la journée vous appartiendra, et vous l'emploierez pour votre avantage à donner des leçons en ville, ou à quoi bon vous semblera. »

LUI.

Et cet homme, qu'est-il devenu ?

MOI.

S'il eût été prudent et sage, il eût fait une brillante fortune, la seule chose qui semble frapper vos yeux.

LUI.

Qui semble ! Parlez plus hardiment : c'est la seule chose qui me touche dans l'univers. De l'or, et rien que de l'or ; *regina pecunia mundi*, l'or est tout, et le reste sans or n'est rien. Aussi je me garde bien de remplir la tête de mon fils avec de bons et d'honnêtes principes qu'il sera forcé d'oublier, s'il ne veut pas rester gueux comme moi. En revanche, sitôt que je posséderai un louis d'or (ce qui ne m'arrive pas souvent), je me placerai devant lui, en tirant la pièce d'or de ma poche, la lui montrant; et témoignant par mes gestes toute ma vénération pour elle, je la baiserai avec respect, et, en levant les yeux au ciel, pour lui faire encore mieux sentir combien ce métal est précieux et sacré; je le regarderai en souriant, et comptant avec mes doigts tout ce qu'on peut se procurer par son moyen. « — Un joli habit. — Un beau bonnet. — Un bon biscuit. » Alors je remettrai le louis dans ma poche, je me promènerai devant lui d'un air fier et important, comme font tous nos grands seigneurs, infatués du mérite de leur or, en mettant mes mains dans les poches de mon gilet; c'est ainsi qu'il s'instruira par mon exemple, en reconnaissant que l'insolence qui éclatera dans toute ma personne, et la sécurité profonde qu'on pourra lire dans mes yeux demi-fermés ne résulteront que d'une cause : la possession bien sentie de mon louis d'or.

MOI.

A merveille! Mais s'il arrivait qu'un jour,

épris comme vous de ce métal divin, il profitât trop de vos leçons, et que dans une occasion favorable....

LUI.

Je vous entends, comprends.... Mais qu'y faire? Il faut fermer les yeux là-dessus. Comme il n'y a pas un principe de morale qui, dans la pratique, n'ait ses inconvéniens, quand le pis du pis arrive, ce n'est qu'un mauvais quart d'heure à passer, et tout est fini.

MOI.

D'après tout ce que vous dites au sujet de votre fils, d'après les considérations si sages et si nobles que vous venez de développer, je persiste encore dans mon opinion, qu'il est bon d'en faire un musicien. Je ne connais pas de meilleur moyen pour s'insinuer auprès des grands, pour servir leurs vices et mettre à profit les siens.

LUI.

C'est vrai ; mais j'ai sur lui d'autres desseins, qui promettent des résultats plus prompts et plus sûrs. Ah! s'il était aussi bien une fille! Mais, comme on ne peut pas faire ce qu'on veut, il faut prendre ce qui vient, en tirer le meilleur parti, ne point imiter le plus grand nombre des pères, qui ne feraient pas pis qu'ils font, s'ils prenaient plaisir à préparer d'avance le malheur de leur famille ; de ces pères inconséquens, qui s'avisent de mettre les maximes des Lacédémoniens dans la tête des enfans destinés à vivre à Paris. — Si notre éducation est mauvaise, c'est la faute de nos mœurs : ce n'est pas moi qui en suis responsable ; la justifie qui pourra. — Je veux que mon fils soit heureux ; ou, ce qui revient au même, riche, puissant et considéré. Je sais quel chemin il faut prendre pour y parvenir. Je le familiariserai avec ces moyens de succès et de bonheur. Que vous m'accusiez, vous autres esprits romanesques, peu m'importe ; les résultats et le suffrage de la multitude m'absoudront. Il

possédera de l'or, vous dis-je, et quand il
en possédera beaucoup, alors rien ne lui
manquera, pas même votre estime et votre
vénération.

MOI.

Vous pourriez vous tromper.

LUI.

Ou il s'en embarrassera fort peu, comme
tant d'autres.... »

Il est trop vrai que, dans ce qu'il disait-
là, il y a beaucoup de choses que tout le
monde pense, mais qu'on est convenu de
ne jamais dire ; de choses qui sont dans
toutes les âmes, quoiqu'elles ne soient dans
la bouche de personne ; et l'unique différence entre mon homme et la plupart des
gens qui nous environnent, c'est qu'il
avouait hautement les vices qu'il avait dans
son cœur, et que d'autres ont aussi ; mais
il n'était pas hypocrite ; il n'était pas pire
que d'autres; il n'était que plus franc, plus
sincère et quelquefois plus profond dans sa

perversité systématique. Je tremblais, en envisageant les suites de l'odieuse éducation qu'un père osait destiner à son fils, et en pensant où cela pourrait conduire le jeune homme. — « Sans doute, dis-je, avec une éducation aussi parfaite, aussi analogue à nos mœurs, il doit aller loin, s'il ne lui arrive pas de bonne heure quelque *accident* irréparable, qui l'arrête tout-à-coup dans sa carrière.

LUI.

Oh! ne craignez rien. Le point important et difficile qu'un bon père ne doit jamais perdre de vue pour son fils, n'est pas tant de douer son cœur des vices qui sont à la mode et qui enrichissent; d'orner son esprit des bouffonneries qui le rendront délicieux, unique, inappréciable aux yeux des grands : il ne suffit même pas d'avoir devancé les leçons de l'expérience en lui faisant connaître à fond le monde, et le siècle où il doit vivre : non, le point capital, c'est de lui montrer jusqu'où on peut aller impunément, et où il faut s'arrêter; l'art de se livrer à une perversité utile, mais sans jamais s'exposer à la honte, au déshonneur, et en sachant éviter l'atteinte de la loi. Voilà des dissonnances dans l'harmonie sociale qu'on doit souvent combiner, marier par une composition habile. Rien n'est plus plat qu'un assemblage d'accords parfaits : le mouvement, l'éclat viennent des contrastes; si trop d'éclat appelle l'orage, il faut apprendre à briller sans être frappé, et à séparer le tonnerre des éclairs..... nous sommes assez savans dans notre art pour en ménager les effets, parcourir l'échelle des sons sans aller jusqu'aux tons extrêmes, attaquer les difficultés, et en venir à son honneur.

MOI.

Votre comparaison nous ramène naturellement du chapitre des moeurs à celui de la musique, dont je m'étais éloigné à regret. Je vous en remercie; car, à ne vous rien cacher, je vous aime mieux comme musicien que comme moraliste.

LUI.

Pourtant, dans la musique, je suis à un rang inférieur ; et, dans la morale, au plus élevé.

MOI.

C'est ce dont je doute ; mais si par malheur cela est vrai, je dois avouer qu'en ce cas je suis un homme bien borné, car vos principes ne sont pas les miens.

LUI.

Tant pis pour vous..... ah ! si je possédais vos talens !

MOI.

Laissons là mes talens, et parlons des vôtres.

LUI.

Si je pouvais seulement m'exprimer comme vous. Mais je parle un jargon du diable, à moitié comme les gens du monde et les savans, à moitié commme les femmes de la halle.

MOI.

Je parle mal, je suis bref, je ne sais que dire la vérité, et c'est une manie qui me possède toujours, vous ne l'ignorez pas. Voilà tout mon savoir faire. A quoi vous servirait-il ?

LUI.

Mais ce n'est pas pour dire la vérité, c'est pour mieux dire le mensonge que je me souhaite vos talens. Si je savais composer un livre, tourner une dédicace, enivrer par mes éloges un imbécile de sa capacité, un fou de sa raison, un ignorant de sa science, et me faire ouvrir ainsi les portes des belles et des gens de la cour !

MOI.

Tout cela vous le savez mille fois mieux que moi. Je ne serais pas seulement digne d'être votre écolier.

LUI.

Que de grandes qualités dont vous ne connaissez pas le prix !

MOI.

Le prix que j'y attache, je sais l'obtenir.

LUI.

Si cela était vous ne porteriez pas cet habit de gros drap, ce gilet de coton, ces bas de laine, ces souliers mal faits et cette vieille perruque.

MOI.

Sans doute il faut être bien maladroit pour ne pas être riche, surtout en se permettant tout pour le devenir : mais il y a des gens et je suis du nombre, qui ne regardent pas la richesse comme le bien le plus précieux ici bas. Des gens extraordinaires.....

LUI.

Très-extraordinaires, je vous en réponds.

On n'est pas né avec de tels sentimens; il faut qu'on se les donne; car ils ne sont pas dans la nature.....

MOI.

De l'homme?

LUI.

De l'homme. Ainsi que tous les êtres animés, l'homme cherche en tout son bienêtre. Je suis sûr que si je laissais mon petit sauvage se développer librement, suivre ses inclinations naturelles sans les combattre par aucune instruction, de luimême, il demanderait de riche vêtemens, une excellente nourriture, la considération des hommes, la tendresse et les soins des femmes, de l'abondance, des honneurs et des plaisirs.

MOI.

Sans doute, il se peut aussi que lorsque votre sauvage, livré à lui-même, joindrait à l'esprit volontaire, à l'entêtement de l'enfance, la force des passions de l'homme de trente ans, il tordrait le cou à son père, et deshonorerait sa mère.

LUI.

Cela prouve la nécessité d'une bonne éducation ; et qui prétend le contraire? Mais qu'est-ce qu'une bonne éducation, si ce n'est celle qui conduit à toute espèce de jouissances, sans inconvéniens et sans périls?

MOI.

J'approuve votre définition à peu de choses près ; mais gardons-nous d'un éclaircissement.

LUI.

Pourquoi?

MOI.

Parce que je crains que notre accord ne soit qu'apparent, et que si nous voulions déterminer quels sont ces inconvéniens et ces périls, allors nous ne nous entendrions plus.

LUI.

Qu'est-ce que cela fait?

MOI.

Laissons cela. Ce que j'en sais, je n'ai pas l'envie de vous l'apprendre, tandis que vous pouvez m'imiter dans les secrets de la science musicale que vous possédez et que j'ignore. Cher Rameau, parlons musique! et dites-moi, comment se fait-il que vous qui êtes doué d'une sagacité si admirable, pour sentir les beautés des grands-maîtres, qui les retenez si heureusement dans votre mémoire, qui nous communiquez l'enthousiasme qu'elles vous inspirent; comment se fait-il, dis-je, que vous n'ayez encore rien composé d'un mérite transcendant et incontestable?

Au lieu de me répondre, il lève les épaules; secoue la tête; lève un doigt en l'air, et s'écrie : — « Et ces étoiles, ces étoiles!..... Lorsque la nature a formé *Léo*, *Vinci*, *Pergolèse*, *Duni*, elle souriait : au contraire, en formant le cher oncle *Rameau* (qu'on a appelé *grand* pendant dix ans, et dont bien-

tôt on ne parlera plus.) Elle faisait la moue;
sa mine était rechignée et rébarbative. Mais
quand elle voulut pétrir son neveu, elle en
rassembla la pâte de côté et d'autre; elle
prit un morceau par-ci, un morceau par-là,
et encore un morceau...

En disant cela il faisait différentes singeries; il imitait par ses grimaces l'expression
du mépris, de la pitié, de l'ironie. Il faisait semblant de pétrir un peu de pâte avec
ses doigts, et de rire des formes bizarres et
ridicules qu'il lui donnait. Ensuite il feignit
de la jeter à terre, et dit : « Voilà comment
elle m'a fait, et puis elle m'a jeté au milieu
d'un tas d'autres aussi mal taillés, aussi mal
pétris que moi, les uns avec des ventres
énormes bourrés de graisse, le cou court,
les yeux gros et sortant de la tête, l'air apo-
plectique; ceux-ci avec des cous de travers;
ceux-là avec des figures décharnées, sèches,
avec des yeux vifs et des nez de perroquets.
Tous, en me voyant tomber parmi eux,
étaient prêts à crever de rire; et moi aussi

je mis les poings sur les côtés, et je faillis à crever de rire en les regardant, car les originaux et les fous s'amusent beaucoup en se moquant les uns des autres : ils se recherchent pour cela ; c'est un aimant qui les attire : et si à mon arrivée dans le monde, je n'eusse déjà trouvé le proverbe tout fait, que *l'héritage des fous est le partage des adroits*, on m'en aurait été redevable. Je compris dès lors que la nature avait mis mon héritage dans la bourse des magots que je voyais ; et depuis ce temps-là, j'essaie par tous les moyens possibles de le rattrapper.

MOI.

Je connais ces moyens, vous ne m'en avez pas fait mystère, je les ai beaucoup admirés. Mais j'en reviens-là : avec de l'esprit, des connaissances, pourquoi n'essayez-vous pas de composer un bon ouvrage ?

LUI.

C'est justement ce qu'un homme du

monde dit un jour à l'abbé Leblanc; l'abbé répondit : « La marquise de Pompadour me prend sur la main, et me porte jusqu'à l'escalier de l'Académie. Là, elle la retire; je tombe, et me casse les deux jambes. L'homme du monde répondit : Vous devriez vous ramasser, l'abbé, et enfoncer la porte d'un coup de tête. L'abbé répliqua : c'est aussi justement ce que j'ai tenté de faire; et savez-vous ce qu'il en est résulté pour moi? Une bosse au front. »

(Après cette histoire, mon homme se promenait la tête baissée, l'air abattu et réfléchissant; il soupirait, pleurait, gémissait, levait les yeux et les mains au ciel, frappait sa tête à coups de poing, tellement que je craignis qu'il ne se fracassât le front, ou ne se brisât les doigts, puis il reprit :) « Pourtant il me semble qu'il y a quelque chose là-dedans; mais j'ai beau frapper ou secouer, rien n'en sort. » — Alors il secoua encore la tête, refrappa son front avec plus de force qu'auparavant, et dit tristement :

« Ou il n'y a là personne, où l'on ne veut pas répondre. »

L'instant d'après, l'expression de sa physionomie changea; sa figure semblait rayonnante. Il releva la tête, mit la main droite sur son cœur, se promena de nouveau, et dit : « Je sens! oui, je sens!... » Il imitait tour à tour, dans sa pantomime, les gestes d'un homme qui se fâche, qui s'attendrit, qui ordonne, qui supplie ; et les discours de celui qui est agité par la colère, ou ému par la pitié, ou transporté de haine, ou enivré d'amour. Il peignait les caractères des passions avec une finesse, une vérité inconcevables. Puis il ajouta : « C'est bien cela, je crois.... Maintenant qu'il sort quelque chose de là, on voit ce que pourrait faire un accoucheur habile, qui saurait amener l'enfant à bon port. Mais quand je suis seul, et que j'ai mis la plume à la main, j'ai beau me mordre les doigts, et m'user le front à force de le frotter... votre très-humble serviteur! bonsoir! le dieu du génie est sorti.

En commençant d'écrire, je me croyais sûr de mon esprit; à la fin de la ligne, je lis... que je suis bête, bête, archibête. Mais aussi comment sentir, penser, peindre avec force, quand on fréquente des gens comme ceux aux ordres desquels on est pour vivre? Comment trouver des idées sublimes, et un style élevé, au milieu des commérages, des quolibets, des turlupinades qu'on est forcé d'entendre et de répéter soi-même?— Aujourd'hui, le boulevart était charmant. Avez-vous entendu le petit savoyard avec sa marmotte? il jouait de la vielle comme un petit ange. — Monsieur un tel a bien le plus bel attelage de chevaux pommelés qu'on puisse imaginer. — La belle madame N.... est diablement sur le retour, malgré ses prétentions à la jeunesse. Est-ce qu'à quarante-cinq ans passés on porte encore du blanc et du rose, et des bonnets à fleurs, et des chapeaux à grandes plumes, comme les chevaux du roi? — La petite.... qui étalait ses grâces, était toute couverte de dia-

mans comme une vieille marquise. — Heureusement ils ne lui ont pas coûté cher; d'ailleurs; elle fait bien de les porter jeune, car quand elle sera vieille, elle sera peut-être aux incurables, et là on n'en porte pas. — Mais que voulez-vous dire? ils lui coûtent fort cher. — Non pas. — Où l'avez-vous vue ? — Quand nous étions à voir *Arlequin perdu et retrouvé...* La scène du désespoir d'Arlequin a été jouée admirablement, mieux que je ne l'avais jamais vue; avec un jeu de physionomie à servir de modèle à la *Clairon*. Il semblait qu'elle était métamorphosée en polichinelle de bois. — Le polichinelle de la foire a aussi son mérite; mais pas autant d'âme, ni de finesse que l'autre. C'est la caricature de la *Dangeville*. — Madame..., que vous connaissez, est accouchée de deux enfans à la fois, garçon et fille. Je les ai vus; et, chose singulière, le garçon est noir comme son nègre, et la fille blanche et blonde comme le petit commis de son mari...
Et débiter de pareilles fadaises tous les jours

du matin au soir ! et les dire et les redire mille fois ! Comment voulez-vous que cela ne glace pas l'imagination, et qu'on ne devienne pas absolument incapable de grandes choses ?

MOI.

Non, sans doute, il vaudrait mieux s'enfermer pendant quelque temps dans son taudis, au septième étage, avec de l'encre et du papier, de l'eau et du pain, quelques bons livres et ses pensées. »

LUI.

C'est possible, mais je n'ai pas assez de courage pour m'y résoudre. Risquer tout son être pour quelque chose d'incertain ! et le nom que je porte, Rameau ! Rameau ! de s'appeler Rameau, c'est trop incommode. Il n'en est pas du talent comme de la noblesse qui acquiert un degré d'ancienneté, et souvent d'ignorance à chaque génération ; et qui transmet fidèlement ces deux qualités précieuses autant qu'inséparables, du grand père qui fut duc et sut lire et écrire, au père qui fut duc et sut lire et écrire, puis au fils qui est duc actuellement, et s'occupe à trente ans d'apprendre à lire et à écrire, pour égaler avec le temps ses illustres aïeux, et pouvoir un jour entrer à pieds joints, comme pauvre d'esprit, dans le royaume des cieux qui lui est acquis à ce titre, après avoir joui des richesses, des honneurs et de la puissance sur la terre. Leur vieil arbre généalogique, soutenu par ses racines d'or et d'argent, s'élève à une hauteur immense sur notre île des fous; ainsi que le peuplier stérile qui détruit jusqu'au gazon qui croit à ses pieds, et s'élève sans donner aucun fruit rafraîchissant ou nourrissant, ni aucun ombrage au voyageur accablé de chaleur et de fatigue qui le regarde avec douleur, et, voyant ses espérances trompées, s'en éloigne en gémissant, reprend sa marche pénible, et se hâte de rejoindre les fous prétendus sages, ses compagnons de voyage dans notre île inhospitalière. — Avec le talent, c'est tout autre chose. Pour soutenir seulement le nom de son père, il faut en savoir plus que lui ; le plus est nécessaire pour ne pas succomber devant ; résister à l'admiration toujours exagérée du passé. Il faut asseoir un tronc solide sur des racines antiques, et pousser des rejetons neufs, plus étendus, d'une verdure plus éblouissante, et d'un ombrage plus touffu. Les racines de mon père l'apothicaire sont tellement sèches, qu'il est impossible de les faire reverdir. On n'en peut faire que de la tisane qui rafraîchit le sang, mais n'échauffe pas l'esprit. Moi je tâche de les employer de toutes les façons par mes mains, mes jointures exercées à tenir l'archet, à faire bouillir le pot. Si ce n'est de la gloire, au moins c'est du bouillon.

MOI.

A votre place, je ne me contenterais pas de dire ; je tenterais.

LUI.

Et Croyez-vous que je n'aie rien tenté? Je n'avais pas encore quatorze ans, quand je me dis pour la première fois : « Qu'as-tu, Rameau? tu rêves? à quoi rêves-tu? Tu voudrais composer quelque ouvrage qui fît l'admiration du monde. Eh bien! souffle dans tes mains, remue tes doigts, apprête le bambou, fais en une flûte. Je pris de l'âge, je répétais toujours les mêmes discours de mon enfance; je les répète encore... Mais la statue de Memnon est toujours demeuré ma voisine.

MOI.

Que voulez-vous dire avec votre statue de Memnon?

LUI.

C'est assez clair, ce me semble. Dans le voisinage de la statue de Memnon, il y en avait beaucoup d'autres, debout comme elle, comme elle éclairées par le soleil. Mais elle seule rendait un son. Voltaire est un poëte;

et qui encore ? Voltaire ; et le troisième ; Voltaire ? et le quatrième ? Voltaire.

Rinaldo di Capua, Hasse, Pergolèse, Alberti, Tartini, Loctaelli, Terradeglias, mon oncle, le *petit* Duni, qui a bien la plus piètre tournure, la physionomie la plus dépourvue d'expression ! mais qui sent, sur mon Dieu ! qui a du chant et de la mélodie ! Voilà un bien petit nombre de *Memnons* le reste n'a pas plus d'imagination ni d'âme qu'une paire d'oreilles clouées à un bambou. Est-ce notre faute aussi ? Nous sommes si misérables, si misérables, que c'est à faire rire et pleurer. Ah ! monsieur le philosophe, la cruelle chose que la misère ! c'est le drap mortuaire du talent. Je la vois, grinçant des dents, d'une langue sèche et brûlante, demandant avidemment, et presque mourante, quelques gouttes d'eau qui coulent à travers le tonneau des Danaïdes... Je ne sais si elle fortifie l'esprit du philosophe ; mais ce dont je suis sûr, c'est qu'elle refroidit terriblement la verve des poëtes.

et des musiciens. On ne chante pas bien sous ce tonneau; et cependant heureux celui qui y trouve une petite place! J'avais ce bonheur là, mais je n'ai pas su m'y tenir. J'ai déjà éprouvé autrefois la même mésaventure quand je voyageais en Bohème, en Allemagne, en Suisse, en Hollande..... que sai-je? à tous les diables, dans le monde entier.

MOI.

Toujours sous cette tonne percée?

LUI.

Oui, sous la tonne percée. Il y avait un juif, riche, prodigue, libertin, fou de la musique, fou de mes folies. Tantôt je faisais de la musique, tantôt je faisais le fou, selon la volonté de Dieu, et les caprices de mon juif. Rien ne me manquait chez lui; j'avais tout à souhait; et tout allait bien pour lui comme pour moi, jusqu'à la maudite aventure que je vais vous raconter.

A Utrecht, mon diable de juif voit une

fille charmante; il veut l'avoir à tout prix.
Il lui envoie un maqu... avec une forte lettre de change. Mais cette créature, non moins étonnante par ses vertus que par ses charmes, repousse avec mépris la proposition : le juif était au désespoir. Le complaisant lui dit : Pourquoi vous affliger tant ? En voulez une mille fois plus belle que celle qui vous tourne la tête ? C'est ma femme. Je vous la cède pour le même prix. » Ce qui fut dit fut fait. Le maqu... garde la lettre de change, et conduit mon juif chez sa femme. La lettre de change arrive à son échéance. Le juif la laisse protester, et se refuse au paiement, se disant à lui-même : « Jamais cet homme n'osera dire à quel prix il a acquis cette lettre de change. Je puis bien me dispenser de la payer. Il » demande au maqu... devant les juges : « De qui tenez-vous cette lettre de change ? — De vous. — M'avez-vous prêté de l'argent ? — Non. — M'avez-vous fourni des marchandises ? — Non. — M'avez-vous rendu des services ? —

Non ; mais il n'est pas question de tout cela. Vous avez signé une lettre de change, et vous la paierez. — Je ne l'ai pas signée. — Alors je suis donc un faussaire ? — Vous, ou un autre dont vous êtes l'instrument. — Je suis un gueux ; mais vous êtes un voleur. Croyez-moi, ne me poussez pas à bout, sans quoi je vais tout déclarer. Je me déshonorerai. Mais vous, ce qui est bien pis pour un juif, je vous ruinerai de fond en comble. » — Le juif méprisa ses menaces ; il eût tort. Le maqu... à haute voix, en plein tribunal raconta toute son histoire. A l'audience suivante, ils furent tous deux traînés dans la boue. Par le jugement qui intervint, le juif fut condamné au paiement de la lettre de change au profit des pauvres, et à une amende considérable. Cet événement me sépara de lui : il quitta le pays, et me planta là.

Que devenir ? Il fallait prendre un parti, crever de faim, ou me tirer d'affaire par quelque industrie. Toute sorte de projets me passaient par la tête. Tantôt je voulais m'engager dans quelque troupe de comédiens de province, quoique je ne fusse pas même bon à être histrion de foire, ni râcleur de violon à l'orchestre d'un théâtre de petite ville. Une autre fois je voulais faire peindre une image, comme on en porte au bout d'un long bâton qu'on plante au coin des carrefours, pour faire assembler les passans, en leur racontant mon histoire : — Ici, c'est la ville où il est né ; il prend congé de son père l'apothicaire. Ici, il arrive dans la capitale et cherche la demeure de son oncle ; ici, il est aux genoux de son oncle qui le chasse ; ici, il voyage avec un juif, etc., etc. Le jour d'après, en me levant, je pris la ferme résolution de me réunir avec les chanteurs des rues, et ce n'était pas le plus mauvais parti que j'aurais pu prendre. Nos concerts ambulans nous les aurions donnés jusque sous les fenêtres de mon cher oncle, qui aurait crevé, éclaté en deux de colère et de rage. Mais je m'avisai d'un autre expédient.

Là il s'arrêta:... Il fit quelques pas l'un après l'autre, dans l'attitude d'un homme qui tient un violon en main, sur lequel il cherche les accords ; puis, dans la posture d'un pauvre diable à qui les forces manquent, les genoux tremblent, mourant de faim, demandant un morceau de pain, et désignant son besoin le plus pressant par le mouvement de ses doigts portés vers sa bouche à demi-ouverte.

LUI.

On entend ce langage, et l'on me jette quelques pièces de monnaie, quelques morceaux de pain que nous nous disputons, moi et trois ou quatre autres chiens affamés que nous sommes.... Eh bien, à présent, dites-moi quelles sont les idées heureuses, les compositions savantes, les beaux ouvrages dont on est capable dans une pareille situation !

MOI.

C'est difficile.

LUI.

De tripot en tripot, je tombai à la fin des fins dans une bonne maison, et je m'y trouvais à merveille. Maintenant j'en suis chassé, et il faut que je retourne de nouveau au manège du râcleur de violon, à la grimace du doigt dans la bouche, pour prendre encore mon monde par la pitié ! Rien de stable ici bas que l'instabilité, je vous l'ai déjà dit : l'instabilité est donc mon unique espérance. Aujourd'hui la roue de la Fortune nous élève plus ou moins vite, demain plus ou moins vite nous redescendons sous la roue qui finit toujours par nous écraser, quand elle est lasse de son jeu : comme un chat joue avec une souris souvent dans la farine même ; d'abord feint de la caresser, la pince et la mord après, et finit toujours par la manger. Nécessité, hasard ou destinée, tu nous entraînes, tu conduis tout.... Tu conduis tout bien mal !

Alors il but encore un coup qui restait

dans la bouteille à bière, dévora tous les échaudés et biscuits qu'on avait mis devant nous sur la table, et se tournant vers un voisin :

Monsieur, je vous prie de me donner une petite prise de tabac. Vous avez là une bien belle tabatière. Êtes-vous un musicien ? — Non. — Tant mieux pour vous ! Ce sont bien les plus grands gueux, les plus grands misérables. Le hasard en a fait un de moi, tandis qu'il y a peut-être à Montmartre, dans un moulin à vent, quelque garçon meunier qui n'entendra jamais que le claquement des roues de son moulin, et qui était né musicien et capable de trouver les plus beaux chants. Rameau ! au moulin ! au moulin ! c'eût été là ta place, d'après la destination de la nature.

MOI.

La destination de la nature n'est qu'un mot. Tout homme réussit dans l'état qu'il a embrassé, pourvu qu'il y ait du goût et qu'il s'y donne du mal.

LUI.

Convenez pourtant qu'en cela il arrive bien des mécomptes. Quant à moi, je ne crois point que nous, ayant *tous* une égale aptitude à *tout*, je ne regarde pas les choses terrestres de cette hauteur où les différences s'effacent et où toutes les choses et tous les êtres paraissent se ressembler. Quand on regarde de cette hauteur le jardinier qui tond et nettoie un arbre avec ses ciseaux et la chenille qui en ronge les feuilles peuvent passer pour des insectes égaux. Croyez-moi, chacun de nous, d'après la diversité de son organisation et sa destination naturelle, monte dans une autre sphère planétaire, et de là, si cela vous plaît, partagez, d'après la méthode de Réaumur, notre espèce de mouches en animaux cousant, tricotant, labourant la terre, écrivant; ou la race des des hommes en tabletier, menuisier, couvreur, danseur, chanteur, c'est votre affaire, je ne m'en mêle pas; je suis dans ce monde, et j'y reste.... Mais, si dans ce monde il est naturel d'avoir chacun son talent, il n'est pas moins naturel d'avoir tous de l'appétit. J'en reviens toujours à l'appétit, à la sensation qui est toujours présente chez moi ; et je trouve que ce n'est pas un bon ordre de choses que de n'avoir rien à manger quand on a faim. Quel arrangement diabolique! Des hommes qui ont tout en abondance, tandis que d'autres, faits comme eux, en nombre pour le moins aussi grand, avec des estomacs plus brûlans, avec une faim qu'ils ne connaissent pas, et que l'homme qui a pâti peut seul connaître, n'ont rien à mettre sous la dent, ni au lever ni au coucher du soleil ;..... et surtout la situation gênée et contrainte où nous met le besoin : c'est là le . . saint homme indigent ne marche pas comme un autre ; il saute, il va à quatre pates, il se courbe, il se traîne, il rampe, il passe sa vie à chercher à imaginer de nouvelles positions, à se démener, poursuivant la fortune et poursuivi par le malheur.

MOI.

Qu'est-ce que c'est donc que des *positions* ?

LUI.

Demandez à *Noverre* ; et le monde en produit davantage que son art n'en peut imiter.

MOI.

Vous faites comme moi, vous montez aussi mal à propos dans les régions élevées au-dessus de nous, d'où vous considérez les diverses pantomimes de l'espèce humaine ?

LUI.

Non, non ; je ne regarde qu'autour de moi, et je me mets dans ma *position*, ou je me divertis à regarder les diverses *positions* des autres. Je m'entends à merveille en pantomimes ; vous allez en juger. »

(Alors il sourit, joue l'admirateur, le suppliant, le complaisant ; il met le pied droit devant le pied gauche, puis derrière ;

le dos courbé, la tête en l'air, comme ayant les regards fixés sur d'autres qui le regardent; la bouche à demi-ouverte, les bras tendus vers quelqu'objet; il attend un ordre, il le reçoit; il part comme la flèche; il est revenu; il a rendu compte; c'en est fait : il est attentif à tout; ce qui tombe il le ramasse; il apprête un coussin; il apporte un tabouret; il tient une assiette de présentation; il approche une chaise; il ouvre une porte; il tire les rideaux; il salue; il se prosterne; il écoute; il répond; il cherche à lire les pensées sur les visages..... Puis il me dit :)

« Voilà à peu près ma pantomime, et celle de tous les gueux mes confrères, et de tous les bas flatteurs.

Les extravagances de cet homme, les contes de l'abbé Galiani, les facéties de Rabelais m'ont souvent fait faire des réflexions plus sérieuses qu'on ne l'imaginait; ce sont trois boutiques où je m'approvisionne de masques comiques, que je mets devant les figures des gens les moins susceptibles de se dérider. Je vois un pantalon dans un prélat, un satyre dans un président, un cochon dans un moine, une autruche dans un ministre, une oie dans son premier secrétaire, un maquereau dans un intendant des menus plaisirs, etc.

Mais d'après votre calcul, répliquai-je à notre homme, il faut avouer que dans ce monde il y a bien des gueux, et qu'il n'y a presque personne qui ne soit obligé d'employer quelque pas de danse de votre pantomime, pour arriver à son but, ou pour s'y maintenir.

LUI.

Vous avez raison. Dans tout un royaume il n'y a qu'un seul homme qui peut marcher droit devant lui; aller à droite ou à gauche à volonté, c'est le roi : tout le reste, jusqu'à ses frères, sa femme, ses enfans, prend des *positions*.

MOI.

Le roi ? Là-dessus il y aurait encore bien des observations à vous faire. Croyez-vous donc qu'il ne se trouve pas de temps en temps à côté de lui un petit pied, ou peut-être un grand (car en toute chose chacun a son goût), ou un petit chignon, un petit nez ou un nez aquilin, qui le forcent aussi à jouer quelques pantomimes en avant ou en arrière ? Quiconque a besoin d'autrui, roi ou sujet, est obligé de jouer la pantomime. Le ministre joue quelquefois le rôle d'honnête homme, plus souvent de flatteur, de complaisant, de valet, devant le roi. La foule des ambitieux et des intrigans danse vos positions de cent manières, plus dégradantes et plus déshonorantes les unes que les autres, devant le ministre. L'abbé de qualité plie au moins une fois par semaine le genou, et l'épine du dos à la faire craquer, se fait petit, petit, devant celui qui tient la feuille des bénéfices. Probablement ce que vous appelez la pantomime des gueux est le grand levier, sans exception de tous les biens, de tous les pouvoirs et de toutes les jouissances de la terre. Chacun a sa *petite Hus* et son *Bertin*, du trône à la chaumière.

LUI.

C'est ce qui me console.

Pendant que je lui tenais ce discours, il imitait tour à tour les personnages dont je parlais. C'était à crever de rire. Par exemple : lorsqu'en petit abbé, il feignait de tenir son petit chapeau sous le bras droit, son livre de matines dans sa main gauche, de la main droite soutenant son petit manteau, la tête un peu penchée sur l'épaule gauche, il se promenait ayant un pied de moins de hauteur qu'à l'ordinaire. A force de contorsions et de courbettes, son corps semblait être rentré en lui-même, comme celui d'un serpent qui se replie. Les yeux baissés, il jouait si parfaitement l'hypocrite, que je croyais voir l'auteur des *réfutations* devant l'évêque d'Orléans. Il représentait ensuite d'après nature, les ambitieux, les flatteurs, les courtisans intéressés. C'était *Bouret* en personne devant le contrôleur-général des finances, tenant une main toute grande ouverte, derrière le dos, et l'œil *vérificateur* fermé.

MOI.

Voilà ce qui s'appelle une scène parfaite par son naturel; et cependant il existe un être qui est étranger à toutes les pantomimes, le philosophe qui n'a rien, ne désire rien, et ne sollicite rien.

LUI.

Et où est-il cet animal? S'il n'a rien, il souffre; s'il ne se donne pas de peine pour obtenir quelque chose, il n'aura jamais rien, et souffrira toujours.

MOI.

Non; Diogène foulait aux pieds les plaisirs et même les besoins où la nature humaine est assujétie.

LUI.

Mais on veut être habillé.

MOI.

Non, il allait tout nu.

LUI.

Quelquefois il faisait froid dans Athènes.

MOI.

Moins souvent qu'ici.

LUI.

On y mangeait.

MOI.

Certainement.

LUI.

Aux dépens de qui?

MOI.

De la nature. A qui s'adresse le sauvage? A la terre, aux animaux, aux arbres, aux racines, aux herbes, aux ruisseaux.

LUI.

Mauvaise table!

MOI.

Elle est grande.

LUI.

Mais mal servie.

MOI.

C'est pourtant sur celle-là qu'on prend tout ce qu'on sert sur la nôtre.

LUI.

Mais réfléchissez que l'industrie de nos cuisiniers, de nos pâtissiers, de nos confiseurs, ajoute un peu à la matière brute et première. Avec un pareil régime, votre Diogène ne devait pas regorger de santé, ni être tourmenté par son tempérament.

MOI.

C'est ce qui vous trompe. L'habit *cynique* était autrefois, ce qu'est aujourd'hui l'habit de moine parmi nous. Les *cyniques* étaient renommés pour la même force de constitution. C'étaient les capucins et les cordeliers d'Athènes.

LUI.

Ah ! ah ! je vous tiens ! Diogène a donc aussi dansé sa pantomime, si ce n'est devant *Périclès*, du moins devant Laïs ou Phryné.

MOI.

Vous vous trompez encore. D'autres payaient fort cher les beautés qui s'offraient à lui sans aucune rétribution, uniquement pour le plaisir de jouir d'un si grand homme.

LUI.

Mais lorsqu'il arrivait que les beautés étaient occupées pour le moment avec ceux qui les faisaient vivre, et que le cynique ne pouvait pas attendre ?

MOI.

Alors il retournait dans son tonneau, et tâchait là, par les moyens que sa sagacité lui indiquait, à se passer d'elle.

LUI.

Je vous comprends ; et vous me conseillez de l'imiter sur tous les points ?

MOI.

Je veux mourir, si cela ne vaudrait pas mieux que de ramper, de flagorner, de se dégrader,..

LUI.

Mais j'ai besoin d'un bon lit, d'une bonne table, d'un habit chaud l'hiver, d'un habit frais l'été, et de beaucoup d'autres choses que j'aime mieux devoir à la bienfaisance qu'au travail.

MOI.

Si vous voulez être un vaurien, un gourmand, un homme vil et bas, une âme de boue !...

LUI.

De tout ce que je pense à ce sujet, je suis déjà convenu avec vous.

MOI.

Sans doute les douceurs de la vie ont leur prix ; mais vous ne connaissez pas les charmes du sacrifice qui, dans le renoncement aux plaisirs, nous en fait trouver un qui les surpasse tous. Dansez donc votre misérable pantomime. Vous l'avez si long-temps dansée ! vos pieds y sont faits et tournés si naturellement, que je crois que vous la danserez toujours.

LUI.

C'est probable. Mais du moins mon apprentissage ne m'a pas donné beaucoup de peine, et par la suite j'en aurai encore moins, d'après la facilité qu'ajoute sans cesse l'habitude. Je ferais mal de tourner mes pieds autrement, et d'étudier quelque autre pantomime que j'aurais beaucoup de peine à apprendre, et où peut-être je ne réussirais pas du tout. Mais en réfléchissant sur ce que vous me dites, pour la première fois je commence à m'apercevoir que ma pauvre petite femme était une espèce de philosophe : elle avait du courage comme un lion. Souvent quand nous manquions de pain, que nous n'avions pas le sou, et que nos meilleurs habits achetés à crédit de la veille étaient vendus ou en *dépôt chez ma tante* le lendemain, tandis que je me jetais sur le lit, et que là je me cassais la tête pour chercher à quel ami, à quel protecteur je pourrais m'adresser pour lui emprunter un écu, que bien entendu je ne lui rendrais jamais, elle, au contraire, gaie comme un pinson, se mettait au piano de louage sur lequel on m'avait déjà prêté quelque argent croyant qu'il m'appartenait ; là elle chantait et s'accompagnait. Pour la flexibilité, c'était un gosier de rossignol dans le haut, un gosier de caille amoureuse, ou appelant ses petits, dans le bas. Ah! que ne l'avez-vous entendue! Quand j'allais jouer dans les concerts, je l'emmenais avec moi. En chemin, je lui disais : « Courage, madame, faites qu'on vous admire. Développez vos talens, vos grâces ; séduisez, ravissez... » Nous arrivions à chaque instant : c'était un nouveau triomphe pour elle. La pauvre petite! je l'ai perdue pour jamais. Perte irréparable! tant de talens, et encore plus de charmes! Une bouche si jolie! à peine pouvait-on y mettre le petit doigt tant elle était petite; des dents, une rangée de perles; des yeux, une peau, des joues roses, une gorge, des pieds de biche, et des cuisses, des cuisses à modeler! Tôt ou tard elle aurait fait la conquête d'un prince, peut-être d'un roi, qui sait? Quelle tournure, en grande toilette surtout! elle écrasait les diamans et les perles d'emprunt qu'elle portait à son cou. Quelle hanche, grand Dieu, quelle hanche! etc., etc...

Alors il cherchait à imiter la voix de sa femme, ses petits pas, ses airs de tête; il jouait avec les pièces de l'échiquier, il souriait, il minaudait : c'était la caricature parfaite de nos jeunes coquettes si remplies de manières et d'afféterie. Puis il continua :

Je la menais partout, aux Tuileries, au

Palais-Royal, aux boulevards. Le matin, quand elle passait dans la rue avec ses cheveux épars, en camisole de nuit, vous vous seriez arrêté pour la regarder; vous auriez tenu sa taille divine entre vos quatre doigts sans lui faire du mal. Lorsque quelqu'un marchait derrière elle et la voyait se trémousser avec ses jolis pieds de biche, que d'un œil avide, à travers ses vêtemens légers, il devinait la forme de ses hanches de Vénus: il la suivait avec ardeur. Arrivé près d'elle, elle tournait sur lui ses grands yeux d'ébène, et changeait d'un regard le séducteur téméraire en admirateur de la vertu modeste... Le dessus de la médaille valait autant que le revers... Hélas! je l'ai perdue, et avec elle toutes mes espérances de bonheur. Je lui avais fait part de mes projets; elle avait trop de finesse pour ne pas comprendre combien leur succès était infaillible; elle m'aimait trop pour ne pas travailler sans relâche à notre fortune; elle avait assez d'esprit pour chercher toujours à me faire valoir. Ah! qu'elle savait bien qu'une femme n'a qu'un moyen de s'acquérir de la considération dans le monde; c'est d'en attirer le plus qu'elle peut à son mari, de le respecter toujours... du moins en public : c'est un art qu'elle possédait au suprême degré. Mes fourberies étaient pour elle des gaietés, mes bassesses de la bonhomie. Il fallait voir comme elle faisait passer tous mes défauts pour des qualités, et de quelle franchise elle usait à mon égard! quelle intimité, quelle confiance sans bornes! qualités auxquelles un mari ne résiste pas, pour lesquelles il pardonne l'infidélité même. »

Allors il se mit à pleurer, à gémir, à crier tout haut : Non, non, je ne me consolerai jamais de l'avoir perdue! et c'est pour cela que je porte toujours des jarretières noires.

MOI.

Pour attester vos douleurs?

LUI.

Oui, et pour sentir seul, sans en affliger

les autres, le regret de ma pauvre petite femme, de ma chère femme.... Mais voyez quelle heure il est, car je n'ai pas encore dîné, et il faut que j'aille à l'Opéra ; j'ai un billet que je ne veux pas perdre, et dont je profiterai si je ne trouve pas à le vendre.

MOI.

Que donne-t-on ?

LUI.

Le *Dauvergne*. Il y a de belles choses dans sa musique : c'est dommage qu'il ne les ait pas trouvées le premier. Parmi les morts, il y en a toujours comme cela qui prennent l'avance, et coupent les vivres aux vivans. Qu'importe ? *Quisque suos patimur manes.* Mais je vois qu'il est cinq heures et demie. J'entends la cloche de l'abbé de Cannaye qui sonne vêpres ; elle m'appelle aussi à l'Opéra... Adieu, monsieur le philosophe, bon courage et bonne fortune. Je suis toujours le même, n'est-il pas vrai ?

MOI.

Oui, malheureusement pour vous.

LUI.

Selon votre opinion, mais non selon la mienne. D'ailleurs *errare humanum est*, chacun sa manière comme chacun son goût. Laissez-moi jouir encore quarante ans de mon malheur : rira bien qui rira le dernier. Adieu.

MOI.

Un moment. Notre entretien m'a donné contre mon ordinaire de l'appétit. J'ai dîné à midi; j'ai envie de souper. — Mon souper, voulez-vous qu'il vous serve de dîner? je vous l'offre; et certes, si vous l'acceptez, vous pourrez dire que vous n'avez jamais gagné un dîner aussi loyalement.

LUI.

Parbleu! c'est justement ce que j'attendais. Monsieur le philosophe, je l'accepte. Vous voyez, j'en viens à bout même avec vous. Puis-je encore douter de mes talens? Mais surtout allons au caveau. Le gros Julien est non-seulement le plus gros, mais encore le plus grand homme du siècle, dans son art, s'entend.

MOI.

Je le veux bien. Partons.

FIN.

www.ingramcontent.com/pod-product-compliance
Lightning Source LLC
Chambersburg PA
CBHW050333170426
43200CB00009BA/1574